Batterien 25

Antonin Artaud
Werke in Einzelausgaben
5

Antonin Artaud

Surrealistische Texte
Briefe

Herausgegeben und übersetzt
von Bernd Mattheus

Matthes & Seitz Verlag
München

© 1996 Matthes & Seitz Verlag GmbH, Hübnerstraße 11, 80637 München.
Alle Rechte vorbehalten. © der französischen Texte von Antonin Artaud by Éditions Gallimard, Paris 1976, 1982. Herstellung und Umschlaggestaltung: Bettina Best, München, unter Verwendung einer Artaud-Fotografie von Man Ray.
Druck und Bindung: Ebner, Ulm.
ISBN 3-88221-227-6

Inhalt

Surrealistische Texte

Vogelpaul *oder* Der Sitz der Liebe *gefolgt von*
Opus für den Zitronenkopfmann   9
Im Licht der Wahrheit...   17
Ein für allemal...   18
Es gibt haufenweise Probleme...   19
Surrealistischer Text   20
Umfrage. – Ist der Selbstmord eine Lösung?   22
Sicherheitspolizei. – Die Liquidierung des Opiums   24
Über den Selbstmord   30
Erklärung vom 27. Januar 1925   34
Der Alpträumer   37
Zu Tisch   38
Ja, das ist jetzt...   40
Traum   41
Brief an die Rektoren der europäischen Universitäten   45
Wir brauchen weniger...   47
Botschaft an den Papst   48
Botschaft an den Dalai Lama   50
Brief an die Schulen des Buddha   52
Die Tätigkeit des Büros für surrealistische Forschungen   54
Neuer Brief über mich selbst   58
Stellung des Fleisches   61
Manifest in klarer Sprache   64
Brief an irgend jemand   68
Korrespondenz der Mumie   71
In tiefster Nacht *oder* Der surrealistische Bluff   74
Schlußstrich   85
Der Dialog von 1928   96
Das toxische Knöchelchen   98

Briefe

1924

An Madame Toulouse *(Oktober)*   105
An die Redaktion der *Disque vert (Dezember)*   106

1925

An Breton, Aragon und Naville *(4. Februar)*   106
Rundbrief *(3. März)*   108
An Pierre Naville *(2. April)*   109
An Max Morise *(16. April)*   110
An Pierre Naville *(20. April)*   113
An *Clarté (Ende Juni–Anfang Juli)*   113
An André Breton *(Ende Oktober)*   114

1926

An Jean Paulhan *(gegen Mai)*   115
An Jean Paulhan *(gegen Mai)*   116
An Jean Paulhan *(11. Oktober)*   117

1927

An Roland Tual *(Anfang 1927?)*   118
An Jean Paulhan *(8. März)*   118
An Pierre Naville *(Oktober)*   119
An Roland Tual *(28. Oktober)*   119

Anhang

Auszüge aus dem Bereitschaftsdienst-Tagebuch des
Büros für surrealistische Forschungen   125
Zwei interne Dokumente   128
Brief an die Chefärzte der Irrenanstalten   130

Anmerkungen

Surrealistische Texte

VOGELPAUL
ODER
DER SITZ DER LIEBE
gefolgt von
OPUS FÜR DEN ZITRONENKOPFMANN

Paolo Uccello denkt gerade an sich selbst, an sich selbst und an die Liebe. Was ist die Liebe? Was ist der Geist? Was ist *Ich selbst?*
Man kann ihn sich vorstellen, wie man will, stehend, vor einem Fenster, einer Staffelei, oder sogar ohne irgendeine Art von äußerer Erscheinung und ohne jeglichen Körper, so wie er hätte sein wollen. Ohne irgendeinen Ort im Raum, den man als den Sitz seines Geistes kennzeichnen könnte.
Er vertieft ein undenkbares Problem: sich entschließen, als ob es nicht er selbst wäre, der sich entschlösse, sich mit den Augen seines Geistes sehen, ohne daß es die Augen seines Geistes wären. Den Vorteil seines persönlichen Urteils bewahren, indem er gerade auf die Persönlichkeit dieses Urteils verzichtet. Sich sehen und nicht wissen, daß es er selbst ist, der sich sieht. Aber dieser Blick auf sich selbst möge sich vor ihm ausdehnen und Substanz annehmen, wie eine meßbare und synthetisierte Landschaft.

Trotzdem, in dem Maße, wie er ihm weiter nachgeht, verschiebt sich das Problem. Er ist mal das Beinhaltende, mal der Inhalt. ER IST GEGENWÄRTIG, ich meine, uns, den Menschen von 1924 gegenwärtig, und er ist er selbst. Er ist Paolo Uccello, und er ist sein Mythos, und er wird VOGELPAUL.
(Das ist dasselbe, aber das macht nichts. Ich meine damit, »Paolo Uccello« ist sein wirklicher, historischer Name, der, bei dem MAN ihn rief, und »Vogelpaul« der, bei dem er von uns gerufen wird, die wir für ihn das Jenseits der Zeit sind.)
Er baut sich also seine Geschichte, und nach und nach löst er sich von ihr. Die Antworten kreuzen sich in ihm außerhalb der Zeit. Und wehe ihm, wenn er einen Augenblick die Augen von sich abwendet, um deren Klang zu genießen. Er ist Vogelpaul. Hat diese Selvaggia so gehandelt, wie MAN sie uns zeigt, oder hat sie sich ihm aufgedrängt? Aber hier werden seine Ideen verschwommen. Ich stehe am Fenster und rauche. Ich bin jetzt Vogelpaul. Der Abend ist schön, der Himmel wuchtig, mit jedem Zug ziehen Straßen mit weitläufigen Wortgebäuden vorüber. Hornvieh brüllt. Am Himmel knistern Kleider. Jede Frau wird aufgesaugt in mir. Ich bin ruhmreich. Mir gehört die Welt. Nicht die Welt. Sondern dieser winzige Punkt im Geist.
Sie sitzt und stirbt. Der schöne Mythos, der schöne Plan: das Vergehen der Form malen, nicht die Linie, die alle anderen einschließt, malen, sondern gerade jene, die beginnt, nicht mehr zu sein.
Du liebst mich Selvaggia:
aber es stimmt, daß ich nicht an die Liebe denke. Und dennoch gibt es irgendwo Liebe für mich, in

meiner Nähe. Wo befindet sich der Sitz der Liebe? Mein Geist ist eine lodernde Ziffer, in der die beiden Ideen sich begegnen: Liebe und Geist. Und seit langem habe ich darauf verzichtet, ein Mann zu sein. Ich bin ihr Opfer geworden. Ich war ihrer Gleichgültigkeit ebenbürtig. Ich, das heißt der, der in der Zeit Paolo Uccello war, der sie an Hunger sterben ließ. Und dennoch lebe ich ihren Tod. Donatello und Brunelleschi stehen mir bei. Ich weiß, daß sie sterben wird, aber ihr Tod berührt mich nur im Geist, und hier ist sie offenbar nicht mehr tot. Ich berühre die nicht faßbare Linie. GEISTIGES GEDICHT.
Also: Brunelleschi fährt mich an. Wir diskutieren über eine Besonderheit des Wirklichen. (Zur Debatte steht die Gleichgültigkeit Selvaggias, die sich, kurz gesagt, für ihn sterben läßt, aber an dieser Gleichgültigkeit beteiligte sie sich selbst nicht.)

> ICH: Sie ist unbewußt zu mir gekommen. Sie wußte von ihrer Gleichgültigkeit nichts.

Und auf dieser Unbewußtheit der Gleichgültigkeit errichtete Paolo Uccello ein ganzes Gebäude illusorischer Geistigkeit. Er stellte sie über das Leben. Irgendwo gibt es Gleichgültigkeit, aber nicht in ihr, da sie sie nicht kennt. Und ich, Paolo Uccello, bin auch nicht mehr an ihr interessiert, auch nicht an meiner eigenen Gleichgültigkeit. Worauf Brunelleschi sehr richtig antwortet, daß sie lebt und einzig das Leben ihr diese Gleichgültigkeit gestattet hat. Und du hast das Leben getötet, Paolo Uccello, du hast über das Leben verfügt.

> ICH: Ich bin der Geist. Der Geist steht über dem Leben.

BRUNELLESCHI: Ah! sterben wir doch alle, schaffen wir doch alle Probleme ab.
Möge auch das leere Gerede untergehen.
Jeder Atemzug ist nichtig.
Der Geist befindet sich nicht außerhalb unserer Brust.
Auch du bestehst aus Blut, Vogelpaul.
Hier bin ich ins Mark getroffen. Ich erkläre mich für nicht zuständig:
ICH: Ich verstehe nicht mehr, ich verstehe nicht mehr.

Ich bestehe aus Blut, augenscheinlich bestehe ich aus Blut. Aber in dieser Stunde sehe ich mich selbst nicht. Ich halte mich nicht für lebendig. Ich bin so, wie man mich hergestellt hat, das ist alles.
Und dennoch stellt *er* sich her. Im übrigen werden Sie gleich sehen. Er fährt fort:

Ja, Brunelleschi, *ich* denke. Du sprichst in diesem Augenblick in mir. Du bist so, wie ich dich gern möchte.

Die Diskussion dauert an... lange Zeit, und wechselt rasch von einem Thema zum anderen. Kommt ein Moment, in dem Paolo Uccello einen großen Monolog von vorgefaßtem Lyrismus über die Stellung der Kunst im Geist hält. Er spricht ihn mit der unwahrscheinlich leisen Stimme einer Greisin oder eines geborenen Idioten.

Beinhaus, du hast nur das Beinhaus in Stein gehauen. Du hast der Lüge ein Gesicht gegeben. Du hast die Lüge gefestigt, Lügner, in

der Ewigkeit der Zeit hast du die Lüge festgelegt, und dies um so lügnerischer, als du es fürstlich getan hast.
(Das ist ein erster Versuch eines geistigen Dramas.)

Ich sah das wie ein Theaterdrama, das sich jedoch ausschließlich im Geiste abspielte. Deshalb beschäftigt mich die körperliche Wirklichkeit meiner Gestalten. Suchen Sie übrigens den Schlüssel des Stücks in nicht allzuweiter Ferne; in dem Maße, wie ich eine geistige Arbeit schrieb, die jener gleicht, die ich meinen Gestalten auferlege, habe ich versucht, auf mich einzuwirken. Daher das scheinbare Durcheinander des ganzen Stücks. Oder vielmehr habe ich die Verschmelzung mit dem Mythos Paolo Uccellos versucht.
Ich ziehe mich in den Mythos zurück.
Ich bin wirklich Vogelpaul.
Mein Geist kann nicht mehr die geringste Abweichung nach links oder nach rechts versuchen.
Ich bin so, wie ich mich gesehen habe.
Das ist die Geschlossenheit des Stücks.
Mal stehe ich im Leben, mal über ihm. Ich bin wie eine Theaterfigur, die die Macht hätte, sich selbst zu betrachten, und bald reine Abstraktion, einfaches Hirngespinst zu sein, bald Erfinder und Triebfeder dieser geistigen Kreatur. Er hätte dann, obwohl er lebt, die Fähigkeit, sein Dasein zu verneinen und sich dem Druck seines Gegenspielers zu entziehen, der von A bis Z er selbst bliebe, aus einem Block, stets von der gleichen Seite aus betrachtet.
Darin besteht meine Überlegenheit über Brunelleschi.

Ja, aber wo befindet sich in all dem der Sitz der Liebe?

— Sie beteiligt sich an der allgemeinen Gleichgültigkeit des Geistes Paolo Uccellos und ernährt ihn vielleicht etwas, indem sie lebt. Sie verleiht ihm den Geburtstrieb. Noch ein nicht faßbarer Punkt.

Aber fahren wir fort, das Problem zu vertiefen.

Brunelleschi tritt also als Anhänger des Lebens auf.

> BRUNELLESCHI: Ich, Brunelleschi, habe das Leben in Stein gehauen.
> Ich habe den Gestalten des Lebens eine Form verliehen.
> Ich habe Landschaften vollendet.

Es erübrigt sich, Ihnen zu sagen, daß Brunelleschi in Vogelpauls Frau verliebt ist. Er wirft ihm unter anderem vor, sie an Hunger sterben zu lassen. (Stirbt man an Hunger im Geist?)

Worauf Donatello, der auch anwesend ist, erwidert:

> Brunelleschi, die wahre Sprache der Liebe ist dir unbekannt.

Die Diskussion wird zu einem riesigen Theater.

Charakterisieren wir also die Personen; geben wir ihnen eine physische Gestalt, eine Stimme, einen Aufputz.

Vogelpaul hat eine kaum vernehmbare Stimme, den Gang eines Insektes und ein Gewand, das ihm zu groß ist.

Brunelleschi hat eine echte Theaterstimme, klangvoll und wohlgenährt, er sieht Dante ähnlich.

Donatello steht zwischen den beiden: der Heilige Franziskus von Assisi vor der Stigmatisierung.

Die Szene spielt sich auf drei Ebenen ab.
Man stelle sich ein Stück Geist vor, mit dem widersprüchlichen Summen der Dinge[1]. Der Geist heftet sich willkürlich an ein Thema, eine Wirkung, das Thema verlangt seine Festigkeit und die Worte ihren Klang. Im Geist gibt es nicht mehr als einen Klang. Und ich, ich wälze mich im Geist. Das Thema Paolo Uccellos quält mich, das flüchtige Thema, dessen Widersprüche darauf hinauslaufen, unterhalb des Geistes herabzusteigen. Und dennoch bin ich ich selbst. Ich büße nichts von meiner Dichte ein. Ich und der Geist messen uns Auge in Auge. Dieser verfluchte Geist. Ich kann mich nicht auf ein Thema konzentrieren. Das ganze Thema ist in mich übergegangen. Man muß mir auf den Grund gehen. Ich betrachte mich und mein Thema. Ich rede aus dem Mund des Themas. Ich rufe das ganze Leben zu mir. Der Himmel ist schön, meine Frau ist schön, in den Straßen brüllt Hornvieh. Ich spüre, wie der Himmel über mir birst. Aber Paolo Uccello ruft mich, und sein unbeständiges Problem. Ich muß sie in mir verbinden, ja, so ist's, das Leben, so ist's. Unaufhörlich das ganze Leben. Alles, was sich im Geist herumtreibt, alle Ebenen, alle Eigenschaften, alle Strömungen. Das Schlimmste und das Absurde, die Ohnmacht, das Schwinden.
– Na, [ ] interessiert uns nicht.
– Das interessiert Sie durchaus. Alles Wirkliche interessiert uns. Der Vertrag von Versailles interessiert uns, das Edikt von Nantes oder *Die Geständnisse eines Opiumessers*. Betrachten Sie das als das [ ] eines Verdammten.
Bei jedem Wendepunkt breche ich zusammen, meine

Verzweigungen sind ohne Zahl. Na gut! später. Die kosmische Angst des Zeitalters geht nicht in diese winzigen Blätter ein, aber die geistige Angst eines Mannes in den Verirrungen seines Denkens. Man kann in ihnen im übrigen ein Thema der literarisch genannten Gattung feststellen und, wenn es auch noch so wenig ist, das Sich-Beschäftigen mit Stil und aktualisierten Sinnbildern. Ich habe bereits gesagt, daß in diesen Blättern alle Ebenen, alle Eigenschaften einander begegnen, alle Strömungen. Es ist gleichsam wie ein Stück Geist mit dem abrupten Wechsel der Ohnmacht, der peinlich genau aufgezeichnet wurde. *Und dennoch ist das Gefühl überall dasselbe.*
Was zählt bei einem solchen Versuch?
Daß das mitgeführte Material wahr ist.
Im Geist kann man alles tun, man kann in jedem Ton sprechen, *sogar in dem, der nicht paßt.* Es gibt keinen sogenannten literarischen Ton, nicht mehr wie es Gegenstände gibt, die man nicht verwenden könnte. Wenn ich will, kann ich im Ton der gewöhnlichen Unterhaltung sprechen. Ich kann ohne weiteres auf die Wirkung verzichten. Ich kann auf jeglichen Eindruck verzichten. *Die Kunst bewirkt nur eines; die Faßbarkeit der menschlichen Absichten.*
Das Bewußtsein ist es, das die Wahrheit erschafft.

Im Licht der Wahrheit und der Wirklichkeit des Hirns,

an dem Punkt, wo die Welt klangvoll und fest in uns wird,

mit den Augen dessen, der spürt, wie sich in ihm die Dinge ändern, dessen, der sich mit dem Beginn einer neuen Wirklichkeit befaßt und darauf konzentriert.

Diese Zustände, in denen die einfachste, die alltäglichste Wirklichkeit nicht bis zu mir gelangt, in denen der unmittelbare Druck der gewöhnlichen Wirklichkeit nicht bis zu mir dringt, in denen ich nicht einmal die notwendige Höhe meines Lebens erreiche.

Dieser Druck und dieses Gefühl mögen in dir zutage treten und mit ihrer Wahrheit und ihrer normalen Dichte in der Welt entstehen, und die dem entspricht, was du in einem System bist, mit einer Größe, die dich darstellt, mit der *Größe*, die dich darstellt.

Genau genommen nicht der Umfang der Dinge, sondern ihr Gefühl und ihr Widerhall in mir: der Widerhall, an dessen Ende sich das Denken befindet.

Sich von den Dingen mitreißen lassen, statt sich auf diese oder jene spezielle Seite von ihnen zu konzentrieren, endlos Definitionen zu suchen, die uns nur die geringfügigen Seiten zeigen aber hierfür die Strömung der Dinge in sich haben, auf der Höhe ihrer Strömung sein, schließlich auf der Höhe des Lebens sein, statt daß unsere beklagenswerten geistigen Verhältnisse uns ständig im Dazwischen lassen,

auf der Höhe der Gegenstände und Dinge sein, bei dieser Gelegenheit ihre globale Form und ihre Definition in sich haben

und die Lokalisierungen deiner Denksubstanz mögen zur gleichen Zeit wie ihr Gefühl und ihre Erscheinung in dir in Bewegung geraten.

*

Ein für allemal
1. ich wirke, als sei ich ganz furchtbar darum besorgt zu demonstrieren, daß ich nicht denke und mir dessen bewußt werde; daß ich ein schwaches Hirn habe, aber ich glaube erstens, daß alle Menschen ein schwaches Hirn haben – und zweitens, daß es besser ist, schwach zu sein, daß es besser ist, sich seinem Geist gegenüber in einem Zustand ständigen Verzichts zu befinden. Es ist ein besserer Zustand für den Menschen, es ist ein normalerer Zustand, der unserer elenden menschlichen Verfassung, dieser elenden Anmaßung der Menschen, zu wollen, besser angepaßt ist.

Ich habe eine bestürzte Einbildungskraft.

*

Es gibt haufenweise Probleme, die uns von allen Seiten einschnüren: Wehe dem, der den Problemen zu entkommen glaubte, wehe dem, der glaubte, sich dem Denken entziehen zu können.

Welches Jahrhundert weist sie auf, kann für sich diese verzweifelte Eroberungsanstrengung verbuchen, die auf den Eisgipfeln des Geistes spielt.

Surrealistischer Text

Die physische Welt ist noch da. Es blickt die Brüstung des Ichs, auf der ein Fisch von rotem Ocker zurückgeblieben ist, ein Fisch, der aus trockener Luft, einer Koagulation zurückgegangenen Wassers besteht.
Aber plötzlich ist etwas entstanden.
Aufgetaucht ist eine brisante baumartige Form mit Reflexen von fadenscheinigen Stirnen, und so etwas wie ein vollkommener, aber undeutlicher Nabel, der von der Farbe eines wässerigen Blutes war, und davor befand sich ein Granatapfel, der ebenfalls ein mit Wasser vermischtes Blut verbreitete, ein Blut, dessen Bahnen herabhingen; und in diesen Bahnen Kreise von Brüsten, die in das Blut des Hirns gezogen waren.
Aber die Luft war wie eine saugende Leere, in der dieser Frauenoberkörper in das allgemeine Beben geriet, in das Vibrieren dieser verglasten Welt, die in Form von Stirnsplittern kreiste und ihre Vegetation

aus Säulen, ihre Eierbrut, ihre spiralförmigen Knoten, ihre geistigen Berge, ihre verwunderten Frontgiebel schüttelte. Und an den Frontgiebeln der Säulen waren zufällig Sonnen hängengeblieben, Sonnen, die wie Eier auf Luftstrahlen gesetzt waren, und meine Stirn rückte diese Säulen, die flockige Luft, die Sonnenspiegel und die entstehenden Windungen weg, hin zur kostbaren Linie der Brüste, der Höhlung des Nabels und zum Bauch, den es nicht gab.
Aber alle Säulen verlieren ihre Eier, und aus der Auflösung der Säulenreihe tauchen ovarienförmige Eier, Eier gleich kopfstehenden Geschlechtsteilen auf.
Der Berg ist tot, die Luft ist für alle Zeiten tot. Bei dieser entscheidenden Auflösung einer Welt wird der ganze Lärm im Eis eingefangen, die Bewegung wird eingefangen im Eis; und die Anstrengung meiner Stirn ist eingefroren.
Aber unter dem Eis umgibt ein entsetzlicher, von Feuerkokons durchdrungener Lärm das Schweigen des nackten, des Eises beraubten Bauches, und umgekehrte Sonnen steigen auf, die sich anblicken, schwarze Monde, irdische Feuer, Milchtromben.
Das kalte Hin und Her der Säulen halbiert meinen Geist, und ich berühre mein Geschlecht, das Geschlecht vom unteren Teil meiner Seele, das als brennendes Dreieck aufsteigt.*

---

* Dieser Text wurde unter dem Einfluß der Gemälde André Massons geschrieben.[1]

Umfrage

MAN LEBT, MAN STIRBT, WELCHE ROLLE SPIELT DER WILLE BEI ALLEDEM? ES SCHEINT SO, DASS MAN SICH TÖTET WIE MAN TRÄUMT. WIR STELLEN KEINE MORALISCHE FRAGE:

Ist der Selbstmord eine Lösung?

Nein, der Selbstmord ist noch immer eine Hypothese. Ich behaupte, daß ich das Recht habe, am Selbstmord zu zweifeln wie an allem übrigen der Wirklichkeit. Einstweilen und bis auf weiteres *muß man* streng genommen nicht die Existenz schrecklich anzweifeln, was jeder erreichen kann, sondern die innere Erschütterung und die tiefe Empfindung der Dinge, der Handlungen, der Wirklichkeit. Ich glaube an nichts, dem ich nicht durch eine denkende Schnur wie meteorisch verbunden bin, und dennoch gebricht es mir etwas zu sehr an aktiven Meteoren. Die konstruierte und empfindende Existenz jedes Menschen stört mich, und ich verabscheue entschieden jede Wirklichkeit. Der Selbstmord ist nur die fabelhafte und entlegene Errungenschaft wohlmeinender Menschen, aber der eigentliche Zustand des Selbstmords ist mir unbegreiflich. Der Selbstmord eines Neurasthenikers hat keinerlei repräsentative Bedeutung, aber der Seelenzustand eines Menschen, der seinen Selbstmord, die materiellen Umstände und den Augenblick der wunderbaren Auslösung wohl bestimmt hätte. Ich weiß nicht, was die Dinge sind, ich kenne keinerlei menschlichen Zustand, nichts auf der Welt dreht sich für mich, nichts dreht sich in mir. Ich leide entsetzlich unter dem Leben. Es gibt keinen Zustand, den ich erreichen könnte. Und ganz gewiß bin ich seit langem tot, bin ich schon des Lebens beraubt. Das heißt: MAN hat mir das Leben genommen. Aber was hielten Sie von einem *vorher verübten Selbstmord,* von einem Selbstmord, der uns umkehren ließe, aber zur anderen Seite der Existenz und nicht zur Seite des Todes? Einzig dieser hätte einen Wert für mich. Ich verspüre kein Verlangen nach dem Tod, ich verspüre das Verlangen, *nicht zu sein,* niemals in dieses Divertimento aus Dummheiten, Kapitulationen, Entsagungen und bornierten Begegnungen geraten zu sein, das das Ich Antonin Artauds ist, das viel schwächer ist als er. Das Ich dieses umherirrenden Krüppels, der von Zeit zu Zeit seinen Schatten darbietet, auf den er selbst gespuckt hat, und das seit langem, dieses an Krücken gehende, sich dahinschleppende Ich, dieses scheinbare, unmögliche Ich, das sich dennoch in der Wirklichkeit zurechtfindet. Niemand hat wie er seine Schwäche gespürt, die die wichtigste, grundlegende Schwäche der Menschheit ist. Zu zerstören, nicht zu existieren.

Sicherheitspolizei
DIE LIQUIDIERUNG DES OPIUMS

Ich habe die unverhohlene Absicht, die Frage erschöpfend zu behandeln, damit man uns ein für allemal in Ruhe läßt mit den sogenannten Gefahren der Droge.
Mein Standpunkt ist unzweideutig antisozial.
Man hat nur einen Grund, das Opium anzugreifen.
Nämlich den der Gefahr, daß sich sein Gebrauch in der Gesamtheit der Gesellschaft verbreiten könnte.
NUN, DIESE GEFAHR IST ERLOGEN.
In Körper und Seele verdorben wurden wir geboren, von Geburt an sind wir unangepaßt; schafft das Opium ab, ihr werdet den Drang zum Verbrechen, die Krebsgeschwüre des Körpers und der Seele, den Hang zur Verzweiflung, den angeborenen Kretinismus, die erbliche Syphilis, die Brüchigkeit der Triebe nicht abschaffen, ihr werdet nicht verhindern, daß es Seelen gibt, die dem Gift bestimmt sind, ganz gleich welchem, dem Gift des Morphiums, dem Gift der Lektüre, dem Gift der Einsamkeit, dem Gift des

Onanierens, dem Gift der wiederholten Koitusse, dem Gift der eingewurzelten Schwäche der Seele, dem Gift des Alkohols, dem Gift des Tabaks, dem Gift der Antisoziabilität. Es gibt unheilbare und für den Rest der Gesellschaft verlorene Seelen. Verbietet ihnen ein Mittel zum Wahnsinn, sie werden zehntausend andere erfinden. Sie werden subtilere, heftigere Mittel ersinnen, völlig VERZWEIFELTE Mittel. Die Natur selbst ist durch und durch antisozial, nur durch eine Usurpation der Macht wehrt sich die organisierte soziale Masse gegen die *natürliche* Neigung der Menschheit.

Lassen wir die Verlorenen sich zugrunde richten, wir können unsere Zeit besser verwenden, als eine unmögliche moralische Wiedergeburt zu versuchen, die überdies unnütz ist, SCHEUSSLICH UND SCHÄDLICH.

Solange es uns nicht gelungen ist, irgendeine der Ursachen der menschlichen Verzweiflung zu beseitigen, werden wir nicht das Recht haben zu versuchen, die Mittel zu beseitigen, durch die der Mensch sich von der Verzweiflung zu reinigen sucht.

Denn man müßte zunächst einmal dahin gelangen, diesen natürlichen und verborgenen Trieb zu beseitigen, diesen *scheinbaren* Hang des Menschen, der ihn geneigt macht, ein Mittel zu finden, der ihm die *Idee* eingibt, ein Mittel zu suchen, um seinen Leiden zu entgehen.

Zudem sind die Verlorenen von Natur aus verloren, alle Ideen moralischer Wiedergeburt ändern nichts daran, es gibt einen ANGEBORENEN DETERMINISMUS, es gibt eine unbestreitbare Unheilbarkeit des Selbstmords, des Verbrechens, der Idiotie, des

Wahnsinns, es gibt ein unüberwindbares Betrogensein des Menschen, eine Brüchigkeit des Charakters, eine Kastrierung des Geistes.
Die Aphasie existiert, die Tabes dorsalis existiert, die syphilitische Meningitis, der Diebstahl, die Usurpation. Die Hölle ist schon auf dieser Welt, und es gibt Menschen, die unglückliche der Hölle Entflohene sind, Entflohene, die dazu bestimmt sind, EWIG ihre Flucht von neuem zu beginnen. Genug davon.
Der Mensch ist beklagenswert, die Seele ist schwach, es gibt Menschen, die sich immer zugrunde richten werden. Die Mittel, die zum Untergang führen, sind nicht so wichtig; DAS GEHT DIE GESELLSCHAFT NICHTS AN.
Wir haben wohl bewiesen, nicht wahr, daß sie daran nichts ändern kann, sie vergeudet ihre Zeit, möge sie doch nicht mehr darauf bestehen, sich in ihrer Dummheit festzufahren.
Was schließlich SCHÄDLICH ist.
Was jene angeht, die der Wahrheit ins Gesicht zu sehen wagen, so kennt man, nicht wahr, die Ergebnisse des Alkoholverbots in den Vereinigten Staaten. Eine Überproduktion von Wahnsinn: Bier mit der Drehzahl des Äthers, mit Kokain scharf gemachter Alkohol, der heimlich gehandelt wird, erhöhte Trunksucht, eine Art allgemeiner Trunksucht. KURZ, DAS GESETZ DER VERBOTENEN FRUCHT.
Das gleiche gilt für das Opium.
Das Verbot, das die Neugier auf die Droge steigert, hat bisher nur den Zuhältern der Medizin, des Journalismus und der Literatur Nutzen gebracht. Es gibt Leute, die einen fäkalen und geschickten Ruf auf

ihrer vorgeblichen Entrüstung über die harmlose und winzige Sekte der Verdammten der Droge errichtet haben (harmlos, weil winzig und immer eine Ausnahme), dieser Minderheit der Verdammten des Geistes, der Seele, der Krankheit.

Ach, wie fest ist doch bei ihnen die Nabelschnur der Moral geknüpft! Von Mutterschoß an haben sie niemals gesündigt, nicht wahr. Apostel sind das, Abkömmlinge von Pastoren; man kann sich nur fragen, woher sie ihre Entrüstung nehmen und besonders, wieviel sie eingestrichen haben, um dies zu tun, und auf jeden Fall, was ihnen das eingebracht hat.

Übrigens geht es nicht darum.

In Wirklichkeit ist die Wut auf die Rauschgifte und die unsinnigen Gesetze, die daraus folgen

1. *unwirksam gegen das Verlangen nach Rauschgiften*, das, ob nun gestillt oder nicht, der Seele angeboren ist, und sie zu entschieden antisozialen Gesten verleiten würde, SELBST WENN ES DAS RAUSCHGIFT NICHT GÄBE.

2. *Verschlimmern sie das gesellschaftliche Verlangen nach Rauschgift* und verwandeln es in ein geheimes Laster.

3. *Schaden sie der wahren Krankheit*, denn darin besteht das wahre Problem, der Lebensknoten, der gefährliche Punkt:

ZUM UNGLÜCK FÜR DIE MEDIZIN GIBT ES DIE KRANKHEIT.

Alle Gesetze, alle Beschränkungen, alle Kampagnen gegen die Rauschmittel werden immer nur darauf hinauslaufen, allen Notleidenden im menschlichen Schmerz, die gegen den sozialen Staat unabdingbare Ansprüche geltend zu machen haben, das Auflö-

sungsmittel ihrer Leiden zu entziehen, eine Nahrung, die für sie wunderbarer ist als das Brot, und schließlich das Mittel ist, wieder ins Leben einzudringen.
Lieber die Pest als das Morphium, brüllt die offizielle Medizin, lieber die Hölle als das Leben. Nur Schwachköpfe vom Schlage J.-P. Liausus[1] (der außerdem ein unwissender Kümmerling ist) können behaupten, daß man *Kranke in ihrer Krankheit schmoren lassen soll.*
Übrigens legt hier die ganze Schulmeisterei des Kerls die Karten auf den Tisch und läßt sich freien Lauf: IM NAMEN DES ALLGEMEINEN WOHLS, BEHAUPTET ER.
Bringt euch um, Verzweifelte, und ihr, Gefolterte an Körper und Seele, laßt alle Hoffnung fahren. Es gibt für euch keine Linderung mehr in dieser Welt. Die Welt lebt von euren Beinhäusern.
Und ihr, hellsichtige Wahnsinnige, Tabetiker, Krebskranke, an chronischer Meningitis Leidende, ihr seid Unverstandene. Es gibt einen Punkt in euch, den kein Arzt je verstehen wird, und für mich ist es dieser Punkt, der euch rettet und erhaben macht, rein, wunderbar: ihr steht außerhalb des Lebens, über dem Leben, ihr habt Leiden, die der gewöhnliche Mensch nicht kennt, ihr überschreitet das normale Niveau, und das nehmen euch die Menschen übel; ihr vergiftet ihre Ruhe, ihr seid zersetzende Elemente ihres Gleichgewichts. Ihr habt ununterdrückbare Schmerzen, deren Wesen es ist, daß sie keinem bekannten Zustand angleichbar, nicht in Worte eingepaßt werden können. Ihr habt sich wiederholende und flüchtige Schmerzen, unlösbare Schmerzen, un-

denkbare Schmerzen, Schmerzen, die weder im Körper noch in der Seele sind, *aber von beidem etwas haben.* Und ich, ich nehme teil an euren Leiden, und ich frage euch: wer wagte es, uns das Schmerzmittel zu bemessen? Im Namen welcher höheren Klarheit, die unsere eigene Seele ist, uns, die wir am Ursprung schlechthin der Erkenntnis und der Klarheit stehen. Und zwar durch unser inständiges Bitten, durch unseren Drang zu leiden. Wir, die der Schmerz hat umherwandern lassen in unserer Seele auf der Suche nach einem Ort der Ruhe, an den man sich anklammern kann, auf der Suche nach dem Gleichgewicht im Bösen wie die anderen im Guten. Wir sind nicht verrückt, wir sind wunderbare Ärzte, wir kennen die Zusammenstellung der Seele, der Sensibilität, des Marks, des Denkens. Man soll uns in Ruhe lassen, man soll die Kranken in Ruhe lassen, wir verlangen nichts von den Menschen, wir verlangen von ihnen nur die Linderung unserer Leiden. Wir haben unser Leben sehr wohl eingeschätzt, wir wissen, was es an Beschränkungen beinhaltet angesichts der anderen und vor allem angesichts unserer selbst. Wir wissen, zu welcher gebilligten Willenlosigkeit, zu welcher Selbstverleugnung, zu welchen Lähmungen des Scharfsinns unser Leiden uns täglich zwingt. Wir bringen uns nicht gleich um. Solange man uns in Ruhe läßt.

1. Januar 1925

Über den Selbstmord

Bevor ich Selbstmord begehe, verlange ich, daß man mich des Seins versichert, ich möchte des Todes gewiß sein. Das Leben erscheint mir nur wie eine Zustimmung zur offensichtlichen Lesbarkeit der Dinge und ihrer Verbindung im Geist. Ich empfinde mich nicht mehr als den endgültigen Kreuzweg der Dinge, der heilende Tod heilt, indem er uns von der Natur trennt, aber wenn ich nur noch ein Divertimento von Schmerzen bin, durch das die Dinge nicht hindurchgehen?
Wenn ich mich töte, so werde ich es nicht tun, um mich zu zerstören, sondern um mich wiederherzustellen; der Selbstmord wird für mich nur ein Mittel sein, mich heftig zurückzuerobern, schonungslos in mein Sein einzudringen und dem ungewissen Vorsprung Gottes zuvorzukommen. Durch den Selbstmord führe ich meine Züge wieder in die Natur ein, zum ersten Mal verleihe ich den Dingen die Gestalt meines Willens. Ich befreie mich von der Bedingtheit

meiner Organe, die so schlecht mit meinem Ich übereinstimmen, und das Leben ist für mich kein absurder Zufall mehr, wo ich denke, was man mir zu denken gibt. Ich wähle dann mein Denken und die Richtung meiner Kräfte, meiner Neigungen, meiner Wirklichkeit. Ich stelle mich zwischen das Schöne und das Häßliche, das Gute und das Böse. Ich versetze mich in einen Schwebezustand, ohne Neigung, neutral, dem Gleichgewicht der guten und bösen Bitten ausgeliefert.

Denn das Leben selbst ist keine Lösung, das Leben hat keinerlei Art von gewählter, zugestimmter, determinierter Existenz. Es ist nur eine Reihe gegnerischer Begierden und Kräfte, kleiner Widersprüche, die je nach den Umständen eines abscheulichen Zufalls zu etwas führen oder scheitern. Das Böse ist ungleich in jeden Menschen hineingelegt, wie das Genie, wie der Wahnsinn. Das Gute wie das Böse sind das Erzeugnis der Umstände und eines mehr oder weniger aktiven Treibmittels.

Sicher ist es scheußlich, erschaffen zu sein, zu leben und zu spüren, daß man bis in die kleinsten Winkel, bis in die *allerundenkbarsten* Verzweigungen seines Seins endgültig determiniert ist. Im Grunde sind wir nur Bäume, und wahrscheinlich ist in irgendeiner Biegung meines Stammbaums eingetragen, daß ich mich eines bestimmten Tages töten werde.

Sogar die Idee der Freiheit des Selbstmords stürzt in sich zusammen wie ein gefällter Baum. Ich ersinne weder den Zeitpunkt noch den Ort, noch die Umstände meines Selbstmords. Ich erfinde nicht einmal den Gedanken an ihn; werde ich den Abschied spüren?

Es ist möglich, daß sich in diesem Augenblick mein Wesen auflöst, aber wenn es ganz bleibt: wie werden meine ruinierten Organe reagieren, mit welchen unmöglichen Organen werde ich den Schmerz registrieren?

Ich fühle den Tod über mir wie ein Sturzbach, wie das sofortige Aufprallen eines Blitzes, dessen Ladung ich mir nicht vorstellen kann. Ich empfinde den Tod als etwas, das voller Genüsse und kreisender Labyrinthe ist. Wo ist darin der Gedanke meines Seins? Aber da ist plötzlich Gott wie ein Fausthieb, wie eine Sense aus schneidendem Licht. Ich habe mich freiwillig vom Leben getrennt, ich wollte mein Schicksal einholen!

Dieser Gott hat bis zur Unsinnigkeit über mich verfügt; er hat mich in einer Leere aus Verneinungen, leidenschaftlichen Verleugnungen meiner selbst am Leben erhalten; bis zu den geringsten Regungen hat er denkendes Leben, empfundenes Leben in mir zerstört. Er hat mich dazu gebracht, wie ein gehender Automat zu sein, aber ein Automat, der den Bruch seiner Unbewußtheit spürte.

Da wollte ich mein Leben beweisen, ich wollte mich wieder mit der klangvollen Wirklichkeit der Dinge vereinen, ich wollte mein Fatum abschütteln.
Und was sagte dieser Gott?

Ich spürte das Leben nicht, das Fließen jeglicher geistigen Idee war für mich wie ein ausgetrockneter Strom. Das Leben war für mich kein Gegenstand, keine Form; es war für mich eine Reihe von Überlegungen geworden. Aber Überlegungen, die leer liefen, Überlegungen, die nicht zutrafen, die wie mögliche »Schemata« in mir waren, die festzuhalten meinem Willen nicht gelang.

Selbst um den Zustand des Selbstmords zu erreichen, muß ich die Rückkehr meines Ichs erwarten, brauche ich das freie Spiel aller Äußerungen meines Seins. Gott hat mich in die Verzweiflung gestellt wie in eine Konstellation von Sackgassen, dessen Ausstrahlung in mir mündet. Ich kann weder sterben noch leben, noch den Wunsch haben, nicht zu sterben oder nicht zu leben. Und alle Menschen sind wie ich.

Erklärung vom 27. Januar 1925

In Anbetracht einer falschen Interpretation unseres Versuches, die in der Öffentlichkeit stumpfsinnig kursiert,
Liegt uns daran, der ganzen zeitgenössischen stammelnden literarischen, dramatischen, philosophischen, exegetischen und sogar theologischen Kritik das Folgende zu erklären:

1. Mit der Literatur haben wir nichts zu schaffen; Aber wir sind sehr wohl imstande, wenn es sein muß, uns ihrer zu bedienen wie jedermann.

2. Der *Surrealismus* ist weder ein neues oder bequemeres Ausdrucksmittel, noch gar eine Metaphysik der Poesie;
Er ist ein Mittel zur totalen Befreiung des Geistes
und all dessen, was ihm gleicht.

3. Wir sind fest zur Revolution entschlossen.

4. Wir haben das Wort *Surrealismus* mit dem Wort *Revolution* allein deshalb verbunden, um den desin-

teressierten, gleichgültigen und sogar völlig verzweifelten Charakter dieser Revolution herauszustellen.

5. Wir beabsichtigen nicht, an den Sitten der Menschen etwas zu ändern, wir gedenken aber sehr wohl, ihnen die Fragilität ihrer Gedanken zu demonstrieren, und auf welch unsicheren Fundamenten, auf welchen Kellern sie ihre schwankenden Häuser errichtet haben.

6. Wir richten an die Gesellschaft diese feierliche Warnung:
Sie möge auf ihre Entgleisungen achtgeben, auf jedes Straucheln ihres Geistes, das uns nicht entgehen wird.

7. An jeder Kurve ihres Denkens wird die Gesellschaft auf uns stoßen.

8. Wir sind Spezialisten der Revolte.
Es gibt keine Möglichkeit zu handeln, von der wir nicht notfalls Gebrauch zu machen imstande wären.

9. Wir wenden uns ganz besonders an die abendländische Welt:
      der *Surrealismus* existiert.
– Aber was ist denn dieser neue *Ismus*, der uns belästigt?
– Der *Surrealismus* ist keine poetische Form.
Er ist ein Aufschrei des Geistes, der zu sich selbst zurückkehrt und fest entschlossen ist, verzweifelt seine Fesseln zu sprengen,
      notfalls auch mit materiellen Hämmern!

Vom Büro für surrealistische Forschungen
Rue de Grenelle 15

Louis Aragon, Jacques Baron, J.-A. Boiffard, Jean Carrive, Robert Desnos, Max Ernst, Francis Gérard, Georges Limbour, Georges Malkine, Max Morise, Marcel Noll, Raymond Queneau, Dédé Sunbeam, Antonin Artaud, Joë Bousquet, André Breton, René Crevel, Paul Éluard, T. Fraenkel, Michel Leiris, Mathias Lübeck, André Masson, Pierre Naville, Benjamin Péret, Philippe Soupault, Roland Tual.

Der Alpträumer

Meine Träume sind vor allem ein Likör, eine Art ekliges Wasser, in dem ich untertauche, und das mit blutigem Glimmer dahinfließt. Weder im Leben meiner Träume noch im Leben meines Lebens erreiche ich die Höhe gewisser Vorstellungen, ich lasse mich nicht in meiner Beständigkeit nieder. Alle meine Träume sind ohne Ausweg, ohne Burg, ohne Stadtplan. Ein richtiger muffiger Geruch nach abgeschnittenen Gliedmaßen.
Ich bin übrigens zu sehr über mein Denken unterrichtet, als daß etwas von dem, was in ihm vorgeht, mich interessieren könnte: ich verlange nur eines, nämlich daß man mich endgültig in meinem Denken einschließt.
Und was die äußere Erscheinung meiner Träume angeht, so habe ich es Ihnen gesagt: ein Likör.

Zu Tisch

Verlaßt die Höhlen des Seins. Kommt. Der Geist weht außerhalb des Geistes. Es ist Zeit, eure Behausungen zu verlassen. Gebt dem All-Denken nach. Das Wunderbare steht am Ursprung des Geistes.
Wir stammen vom Innern des Geistes, vom Innern des Kopfes. Ideen, Logik[1], Ordnung, Wahrheit (großgeschrieben), Vernunft: alles überlassen wir dem Nichts des Todes. Gebt auf eure Logik acht, meine Herren, gebt auf eure Logik acht; ihr wißt nicht, wohin unser Haß auf die Logik uns führen kann.
Nur durch eine Umleitung[2] des Lebens, nur durch einen dem Geist aufgezwungenen Stillstand kann man das Leben in seiner real genannten Physiognomie festhalten, doch die Wirklichkeit steckt nicht dahinter. Deshalb soll man uns, die wir nach einer bestimmten, überrealen Ewigkeit trachten, die wir uns seit langem nicht mehr als in der Gegenwart befindlich betrachten, und die wir uns zu uns selbst wie

unsere realen Schatten verhalten, nicht im Geiste belästigen.

Wer über uns urteilt, ist nicht zum Geist erwacht, zu jenem Geist, dem wir leben³ wollen, und der für uns außerhalb dessen liegt, was ihr Geist nennt. Man muß unsere Aufmerksamkeit nicht zu sehr auf die Ketten lenken, die uns an die versteinerte Dummheit des Geistes fesseln. Wir haben ein neues Tier gefaßt. Die Himmel entsprechen unserer Haltung unsinniger Absurdität. Diese eure Gewohnheit, Fragen den Rücken zu kehren, wird nicht verhindern, daß sich am vereinbarten Tag die Himmel öffnen, daß sich eine neue Sprache inmitten eurer dummen Machenschaften niederlassen wird, wir meinen, inmitten der dummen Machenschaften eures Denkens.

Es gibt Zeichen im Denken. Unsere absurde und regungslose Haltung ist die der größten Empfänglichkeit. Durch die Klüfte einer von jetzt an unhaltbaren Wirklichkeit spricht eine willentlich sibyllinische Welt.

Ja, das ist jetzt der einzige Zweck, zu dem die Sprache künftig dienen kann: als ein Mittel zum Wahnsinn, zur Ausmerzung des Denkens, zur Auflösung; ein Labyrinth der Unvernunft, und kein WÖRTERBUCH, in das irgendwelche Schulmeister aus der Seine-Umgebung ihre geistigen Beschränktheiten kanalisieren.

Traum

I

Es war bei Luftaufnahmen. Von einem stillstehenden Flugzeug herab filmte man den Start einer exakt arbeitenden Maschine, die genau wußte, was sie tat. Die Luft war voll von einem prägnanten Brummen, gleich dem Licht, das sie erfüllte. Aber der Scheinwerfer verfehlte manchmal die Maschine.
Zuletzt waren wir nur noch zwei oder drei auf den Tragflächen der Maschine. Das Flugzeug hing am Himmel. Ich spürte, wie ich mich in einem scheußlichen Gleichgewichtszustand befand. Aber da die Maschine sich um ihre Achse drehte, mußten wir eine Umdrehung im leeren Raum vollziehen, wobei wir uns an Ringen wieder aufrichteten. Schließlich gelang das Manöver, aber meine Freunde waren weg; es blieben nur noch die Mechaniker, die im leeren Raum ihre Bohrer drehten.
In diesem Augenblick riß einer der beiden Drähte.
»Hört auf zu arbeiten, schrie ich ihnen zu, ich falle!«

Wir befanden uns fünfhundert Meter über dem Erdboden.
»Nur Geduld«, antwortete man mir, »Sie sind zum Fallen geboren.«
Wir mußten vermeiden, die Tragflächen der Maschine zu betreten. Trotzdem spürte ich ihre Festigkeit unter mir.
»Ich falle nämlich«, brüllte ich, ich wußte sehr wohl, daß ich nicht fliegen kann.
Und ich fühlte, daß alles zerbarst.
Ein Schrei: Schießt die »Lanzetten« ab!
Und sofort *hatte ich das Gefühl*, daß meine Beine vom einschneidenden Lassoschlag gepackt wurden, das Flugzeug sich von meinen Füßen entfernte und ich, oben aufgehängt, im leeren Raum schwebte.
Ich wußte niemals, ob *sich das zugetragen hatte*.

II

Und unverzüglich kam ich zu der erwarteten Hochzeitsfeier. Es war eine Hochzeit, wo man nur Jungfrauen verheiratete, aber es gab auch Schauspielerinnen, Prostituierte; und um zu der Jungfrau zu gelangen, mußte man einen kleinen Fluß überqueren, einen mit Binsen gespickten Wasserlauf. Nun, die Ehemänner schlossen sich mit den Jungfrauen ein und machten sich sofort über sie her.
Eine von ihnen, jungfräulicher als die anderen, trug ein Kleid mit hellen Karos und hatte lockige Haare. Sie wurde von einem bekannten Schauspieler in Besitz genommen. Sie war ziemlich klein und ziemlich dick. Ich bedauerte es, daß sie mich nicht liebte.

Das Zimmer, in das man sie brachte, hatte eine Tür, die schlecht schloß, und durch den Türschlitz hindurch erlebte ich mit, wie sie sich hingab. Ich war übrigens ziemlich weit von dem Türspalt entfernt, aber von allen Leuten, die im Saal waren, interessierte ich mich als einziger für das, was in dem Zimmer vor sich ging. Ich sah sie schon nackt dastehen, und ich bewunderte es, wie ihre Schamlosigkeit von Unschuld und einer Art fester Entschlossenheit umhüllt war. Sie empfand durchaus ihr Geschlecht, aber wie etwas vollkommen Natürliches und Normales in diesem Augenblick – war sie doch mit einem frischverheirateten Mann zusammen.

III

Wir waren zu dritt in Mönchskutten, und als Antwort auf die Mönchskutten erschien Max Jacob im kurzen Mantel. Er wollte mich wieder mit dem Leben versöhnen, mit dem Leben oder mit sich selbst, und ich spürte vor mir die tote Masse seiner Argumente.
Zuvor hatten wir einigen Frauen nachgestellt. Wir besaßen sie auf Tischen, auf Stuhlkanten, auf den Treppen, und eine von ihnen war meine Schwester. Die Wände waren schwarz, die Türen hoben sich deutlich davon ab und ließen Kellerlicht hereindringen. Der ganze Rahmen war eine absichtliche und *inszenierte Analogie*. Meine Schwester lag auf einem Tisch, sie war schon schwanger und trug viele Mäntel. Aber sie befand sich auf einer anderen Ebene als ich selbst, in einer anderen Umgebung.

Da waren helle Tische und Türen, Treppen. Ich spürte, daß all das häßlich war. Und wir hatten lange Gewänder angelegt, um unsere Sünde zu verbergen. Nun, meine Mutter erschien in der Tracht einer Äbtissin. Ich befürchtete schon, daß sie käme. Aber der kurze Mantel Max Jacobs bewies, daß es nichts mehr zu verbergen gab.
Er hatte zwei Mäntel an, einen grünen und einen gelben, und der grüne war länger als der gelbe. Sie kamen nacheinander zum Vorschein. Wir sahen unsere Papiere durch.

Brief an die Rektoren
der europäischen Universitäten

Meine Herren Rektoren,

in der engen Zisterne, die ihr »Denken« nennt, verfault die geistige Strahlung wie Stroh.
Genug der Sprachspiele, der syntaktischen Tricks, des Hokuspokus der Formeln, jetzt gilt es, das große Gesetz des Herzens zu finden, das Gesetz, das kein Gefängnis ist, sondern ein Wegweiser für den Geist, der sich in seinem eigenen Labyrinth verirrt hat. Weiter als das, was die Wissenschaft je wird berühren können, dort, wo die Strahlenbündel der Vernunft sich an den Wolken brechen, existiert dieses Labyrinth, der zentrale Punkt, in dem alle Kräfte des Seins, die allerletzten Nervengewebe des Geistes zusammenlaufen. In diesem Gewirr von sich bewegenden und ständig verschobenen Mauern, außerhalb aller bekannten Formen des Denkens, bewegt sich unser Geist, seine geheimsten und spontansten Regungen belauschend, jene, die den Charakter einer

Offenbarung haben, die anderswo hergekommen, vom Himmel herabgefallen zu sein scheinen.¹
Aber das Geschlecht der Propheten ist ausgestorben. Europa kristallisiert, mumifiziert sich unter den Binden seiner Grenzen, seiner Fabriken, seiner Gerichte, seiner Universitäten. Der erstarrte Geist knarrt zwischen den mineralischen Buchdeckeln, die sich über ihm schließen. Schuld daran sind eure verschimmelten Systeme, eure Logik von 2 und 2 macht 4, schuld daran seid ihr, Rektoren, die ihr im Netz der Syllogismen gefangen seid. Ihr erzeugt Ingenieure, Beamte, Ärzte, denen die wirklichen Geheimnisse des Körpers, die kosmischen Gesetze des Seins entgehen, ihr erzeugt falsche Gelehrte, die im Außerirdischen blind sind, Philosophen, die sich anmaßen, den Geist wiederherzustellen. Der kleinste Akt spontaner Schöpfung ist eine komplexere Welt und viel aufschlußreicher als irgendeine Metaphysik.
Laßt uns also in Ruhe, meine Herren, ihr seid nur Usurpatoren. Mit welchem Recht maßt ihr euch an, den Intellekt zu kanalisieren, geistige Befähigungsnachweise auszustellen?
Ihr wißt nichts über den Geist, ihr kennt nicht seine verborgensten und wesentlichsten Verästelungen, diese fossilen Abdrücke, die unseren eigenen Quellen so nahe sind, diese Spuren, die aufzudecken in den dunkelsten Winkeln unserer Hirne uns bisweilen gelingt.
Gerade im Namen eurer Logik sagen wir euch: Das Leben stinkt, meine Herren. Betrachtet einen Augenblick eure Gesichter, seht euch eure Produkte an. Durch das Sieb eurer Diplome geht eine abgezehrte, zugrunde gerichtete Jugend. Ihr seid die Plage einer

Welt, meine Herren, und das ist um so besser für diese Welt, aber sie möge sich etwas weniger für die Krone der Menschheit halten.

Wir brauchen weniger aktive als erschütterte Adepten.

Botschaft an den Papst

Der Beichtstuhl, das bist nicht du, o Papst, wir sind es, aber verstehe uns, und möge die Katholizität uns verstehen.

Im Namen des Vaterlandes, im Namen der Familie treibst du zum Seelenverkauf, zur uneingeschränkten Zermalmung der Körper.

Wir haben zwischen unserer Seele und uns genug Wege zurückzulegen, genug Entfernungen, um dazwischen deine klapperigen Priester und diese Anhäufung von abenteuerlichen Lehrsätzen zu stellen, von denen sich alle Kastrierten des weltweiten Liberalismus nähren.

Dein katholischer und christlicher Gott, der, wie die anderen Götter, all das Böse erdacht hat:

1. Du hast ihn in deine Tasche gesteckt.
2. Wir haben mit deinen Kanons, Index, Sünde, Beichtstuhl, Pfaffen nichts zu tun, wir denken an einen anderen Krieg, an Krieg gegen dich, Papst, Hund.

Hier beichtet der Geist dem Geist.
Bei deiner römischen Maskerade triumphiert, von vorn bis hinten, der Haß auf die unmittelbaren Wahrheiten der Seele, dieser Flammen, die direkt im Geist brennen. Es gibt keinen Gott, Bibel oder Evangelium, es gibt keine Worte, die den Geist anhalten. Wir sind nicht auf der Welt. O Papst, der du in die Welt verbannt bist: weder die Erde noch Gott sprechen von dir.
Die Welt ist der Abgrund der Seele, verkrümmter Papst, Papst, der du außerhalb der Seele stehst: laß uns in unseren Körpern baden, laß unsere Seelen in unseren Seelen, wir haben das Messer deiner Erleuchtungen nicht nötig.

Botschaft an den Dalai Lama

Wir sind deine getreuen Diener, o Großer Lama, gib uns, entsende uns deine Erleuchtung, in einer Sprache, die unser verseuchter europäischer Geist begreifen kann, und ändere, wenn es nötig ist, unseren Geist, gib uns einen Geist, der ganz diesen vollkommenen Gipfeln zugewandt ist, wo der Geist des Menschen nicht mehr leidet.
Gib uns einen Geist ohne Gewohnheiten, einen wirklich im Geist erstarrten Geist, oder einen Geist mit reineren Gewohnheiten, den deinen, wenn sie der Freiheit dienen.
Wir sind umgeben von runzeligen Päpsten, von Literaten, Kritikern, Hunden, unser Geist ist unter den Hunden, die auf einem Niveau mit dem Erdboden denken, die unverbesserlich in der Gegenwart denken.
Lehre uns, Lama, die materielle Levitation der Körper, und wie wir uns von der Erde lösen könnten.
Denn du weißt wohl, auf welche kristallklare Befrei-

ung der Seelen, auf welche Freiheit des Geistes im Geist, o annehmbarer Oberer, o Oberer im wahrhaften Geist, wir anspielen.

Mit dem Auge des Inneren betrachte ich dich, o Oberer auf dem Gipfel des Inneren. *Im Inneren* gleiche ich dir, ich, Stoß, Idee, Lippe, Levitation, Traum, Schrei, Verzicht auf die Idee, schwebend zwischen allen Formen, und nichts als den Wind erhoffend.

Brief an die Schulen des Buddha

Ihr, die ihr nicht im Fleisch seid, und die ihr wißt, an welchem Punkt ihrer fleischlichen Bahn, ihres sinnlosen Hin und Her, die Seele das absolute Wort findet, die neue Sprache, die innere Welt; ihr, die ihr wißt, wie man in seinem Denken eine Kehrtwendung macht, und wie der Geist sich vor sich selbst retten kann, ihr, die ihr in euch selbst seid, deren Geist nicht mehr auf der Ebene des Fleisches ist, hier gibt es Hände, für die Greifen nicht alles ist, Hirne, die hinaussehen über einen Wald von Dächern, ein Blühen von Fassaden, eine Schar von Rädern, eine Tätigkeit von Feuer und Marmor. Wenn dieses eiserne Volk vorrückt, wenn die geschriebenen Worte mit Lichtgeschwindigkeit vorstoßen, wenn die Geschlechter mit der Kraft von Kanonenkugeln gegeneinander vorrücken, was wird auf den Wegen der Seele geändert sein? In den Krämpfen des Herzens, in der Unzufriedenheit des Geistes.

Deshalb werft alle diese Weißen ins Wasser, die mit ihren kleinen Köpfen und ihrem so gut gelenkten Geist daherkommen. Hier müssen diese Hunde uns zuhören, wir reden nicht vom alten menschlichen Übel. An anderen Mängeln leidet unser Geist, andere als die dem Leben innewohnenden. Wir leiden an einer Fäulnis, an der Fäulnis der Vernunft.
Das logische Europa zermalmt unablässig den Geist zwischen den Hämmern zweier Begriffe, es öffnet und schließt den Geist. Aber jetzt hat das Erdrosseln seinen Höhepunkt erreicht, zu lange haben wir unter dem Joch gelitten. Der Geist ist größer als der Geist, die Metamorphosen des Lebens sind vielfältig. Wie ihr, lehnen wir den Fortschritt ab: kommt, reißt unsere Häuser nieder.
Mögen unsere Federfuchser fortfahren, noch einige Zeit zu schreiben, unsere Journalisten zu schwatzen, unsere Kritiker zu stottern, unsere Juden in ihre Muscheln des Raubs zu schlüpfen, unsere Politiker zu schwadronieren, und unsere Rechtsmörder in Ruhe ihre Untaten ausbrüten. *Wir* wissen, was das Leben ist. Unsere Schriftsteller, unsere Denker, unsere Ärzte, unsere Schlaumeier verstehen sich darauf, das Leben zu verfehlen. Mögen alle diese Federfuchser uns in den Schmutz ziehen, uns aus Gewohnheit oder Manie in den Schmutz ziehen, mögen sie aus geistiger Kastration über uns herziehen, aus der Unfähigkeit, die Nuancen zu erfassen, diesen gläsernen Schlick, diese sich drehenden Welten, wo der hochgestellte menschliche Geist sich unablässig austauscht: wir haben das beste Denken eingefangen. Kommt. Rettet uns vor diesen Elendsgestalten. Erfindet uns neue Häuser.

Die Tätigkeit des Büros
für surrealistische Forschungen

Die Tatsache einer surrealistischen Revolution in den Dingen ist auf alle Zustände des Geistes anwendbar,
auf alle Arten menschlicher Tätigkeit,
auf alle Zustände der Welt inmitten des Geistes,
auf alle feststehenden moralischen Tatsachen,
auf alle Ordnungen des Geistes.
Diese Revolution zielt auf eine allgemeine Abwertung der Werte, eine Wertminderung des Geistes, eine Demineralisierung der Evidenz, eine absolute und neuerliche Verwirrung der Sprachen,
auf das Uneben-Machen des Denkens.
Sie zielt auf die Auflösung und die Disqualifizierung der Logik, die sie bis zur Ausrottung ihrer urtümlichen Verschanzungen verfolgen wird.
Sie zielt auf die spontane Neueinteilung der Dinge, gemäß einer gründlicheren und verfeinerteren, durch Mittel der gewöhnlichen Vernunft nicht zu erhellenden Ordnung, aber dennoch eine Ordnung,

wahrnehmbar für man weiß nicht welchen Sinn..., aber dennoch wahrnehmbar, eine Ordnung, die nicht gänzlich dem Tod angehört.
Zwischen der Welt und uns ist der Bruch gänzlich vollzogen. Wir reden nicht, um uns begreifllich zu machen, sondern nur im Inneren unserer selbst; mit der Pflugschar der Angst, mit der Schneide eines hartnäckigen Starrsinns kehren wir das Denken um, machen es uneben.
Die Zentrale für surrealistische Forschungen bemüht sich mit all seinen Kräften um diese Neueinteilung des Lebens.
Es gilt, eine ganze Philosophie des Surrealismus zu begründen, oder das, was sie ersetzen kann.
Es handelt sich eigentlich nicht darum, Regeln, Vorschriften aufzustellen,
sondern:
1. surrealistische Forschungswege inmitten des surrealistischen Denkens zu finden;
2. Markierungen, Erkennungsmöglichkeiten, Gänge, Inseln zu bestimmen.
Man kann, man muß bis zu einem bestimmten Punkt eine surrealistische Mystik gelten lassen, eine gewisse Ordnung von Anschauungen, die in bezug auf die gewöhnliche Vernunft ausweichend, aber dennoch genau bestimmt sind und gut festgelegte Punkte des Geistes berühren.
Der Surrealismus registriert eher eine gewisse Ordnung von Abneigungen als Anschauungen.
Der Surrealismus ist vor allem eine Geisteshaltung, er empfiehlt keine Rezepte.
Der erste Punkt ist, sich im Geist gut niederzulassen.
Kein Surrealist ist auf der Welt, glaubt sich in der

Gegenwart, glaubt an die Wirksamkeit des Sporngeistes, des Guillotinegeistes, des Richtergeistes, des Arztgeistes, und entschlossen hofft er, sich neben dem Geist zu befinden.
Der Surrealist hat den Geist beurteilt.
Er besitzt keine Gefühle, die zu ihm selbst gehören, er bekennt sich zu keinem Gedanken. Sein Denken erzeugt ihm keine Welt, der er *vernünftig* zustimmt. Er gibt die Hoffnung auf, daß der Geist erreicht werden könne.
Aber schließlich ist er im Geist, aus eigener Erfahrung beurteilt er sich, und vor seinem Denken wiegt die Welt nicht schwer. Aber im Zwischenraum irgendeines Verlustes, irgendeiner Selbstvergessenheit, irgendeiner augenblicklichen Resorption des Geistes wird er das weiße Tier auftauchen sehen, das denkende, gläserne Tier.
Deshalb ist er ein Kopf, er ist der einzige Kopf, der aus der Gegenwart herausragt. Im Namen seiner inneren Freiheit, des Anspruchs auf seine Ruhe, seine Vollkommenheit, seine Reinheit, spuckt er auf dich, Welt, ausgeliefert der verdörrenden Vernunft, der verschlammten Mimikry der Jahrhunderte, Welt, die du deine Wortgebäude errichtet und deine Gebotsregister zusammengestellt hast, wo es nicht mehr vermeidbar ist, daß der surreale Geist explodiert, der einzige, der tauglich ist, uns zu entwurzeln.

*

Diese Bemerkungen, die die Dummköpfe vom Standpunkt der Ernsthaftigkeit aus beurteilen werden und die Schlauberger vom Standpunkt der Sprache, sind eines der ersten Modelle, ein erster Aspekt dessen, was ich unter Verwirrung meiner Sprache verstehe. Sie wenden sich an die geistig Verwirrten, an die durch ein Stocken der Zunge mit Aphasie Geschlagenen. Hier sind dennoch Bemerkungen, die den Kern ihres Gegenstandes treffen. Hier fehlt das Denken, hier zeigt der Geist seine Gliedmaße. Das sind Bemerkungen, die, wie man so schön sagt, »in ihrer Gedankenverknüpfung« einfältig, simpel sind.
Welcher an der Quelle sitzende Geist wird in ihnen nicht ein dauerndes Berichtigen der Sprache entdecken, und die Spannung nach dem Mangel, die Kenntnis des Umwegs, die Annahme des Schlecht-Formulierten. Diese Bemerkungen, die die Sprache verachten, die auf das Denken spucken.
Und dennoch, zwischen den Spalten eines Denkens, das nach menschlichem Ermessen schlecht konstruiert, ungleich kristallisiert ist, blitzt ein Wille zum Sinn auf. Der Wille, die Umwege einer mißlungenen Sache ans Tageslicht zu bringen, ein Wille zur Gläubigkeit.
Hier läßt sich ein gewisser Glauben nieder,
aber mögen die Kotfresser mir zuhören, die Aphasiker und allgemein alle, die durch die Worte und die Sprache in Verruf gerieten, die Parias des Denkens.
Ich rede nur für sie.

Neuer Brief
über mich selbst

Lieber...

Das ist für mich im Augenblick eine dreckige Zeit, alle Zeiten sind übrigens zum Kotzen in dem Zustand, in dem ich mich befinde. Sie können sich nicht vorstellen, in welchem Maße ich der Ideen beraubt sein kann. Ich habe nicht einmal die Ideen, die mit meinem Fleisch übereinstimmen könnten, mit meinem Zustand eines körperlichen Tiers, das den Dingen unterworfen ist und auf die Vielzahl ihrer Verbindungen zurückfällt.
Sprechen wir nicht über das geistige Tier. Was ich bewundere, wonach mir verlangt, ist das intelligente Tier, das sucht, aber nicht zu suchen bestrebt ist. Das lebende Tier. Es ist nicht nötig, daß sich das Aggregat des Bewußtseins auflöst. Was mich bei den Menschen, bei allen Menschen, zum Lachen bringt, ist, daß sie sich nicht vorstellen, daß sich das Aggregat ihres Bewußtseins auflöst; welcher geistigen Tätigkeit sie sich auch immer hingeben: sie sind sich ihres

Aggregates sicher. Dieses Aggregat, das jeden der Zwischenräume ihrer geringsten, ihrer unvermutetsten Tätigkeiten ausfüllt, welches Stadium der Erleuchtung und der Entwicklung im Geist diese Tätigkeiten auch erreicht haben mögen. Darum geht es nicht, darum geht es nie. Denn wenn man immer an sein Denken denken sollte, wäre es unmöglich, zu denken, nicht wahr, und sich einer geistigen Tätigkeit hinzugeben, die dem überlegen wäre, was eigentlich das Denken ist. Nicht das Exsudat, das Sekret des Geistes, sondern der Mechanismus dieses Exsudats. Ich bin der Ansicht, daß ich die Menschen genug angeödet habe durch das Zeugnis meiner geistigen Kontingentierung, meines furchtbaren psychischen Hungers, und ich glaube, daß sie zu Recht von mir anderes erwarten als Ohnmachtsschreie und die Aufzählung meiner Unmöglichkeiten, oder daß ich schweige. Aber das Problem liegt gerade darin, daß ich lebe. Was imstande ist, die Menschen ihrer Welten zu entreißen, diesen erstarrten Welten des Geistes, der in seinem Kreis eingeschlossen ist, ist das, was den Bereich des eigentlichen Denkens verläßt, das, was für mich über geistigen Beziehungen steht. Ich bin wie ein Blinder inmitten der Ideen, jede Spekulation, die keine Feststellung, kein einfaches Bewegen bekannter Phänomene wäre, ist mir untersagt; aber wenn man näher hinsieht, besteht das Übel darin, daß ich nicht das Neue oder, besser gesagt, die Notwendigkeit irgendeiner intellektuellen Tätigkeit sehe. Es vollzieht sich keine Erschütterung im Geist, die mir als das Ergebnis einer *Idee* erschiene, das heißt, eines nährenden Aufruhrs von Kräften mit neuem Äußeren.

Ich bin an den Punkt gelangt, wo ich die Ideen nicht mehr als Ideen spüre, als Zusammentreffen geistiger Dinge, die in sich den Magnetismus, das Prestige, die Erleuchtung der absoluten Geistigkeit tragen, sondern als schlichtes Amalgam von Gegenständen. Ich spüre sie nicht mehr, ich sehe sie nicht mehr, ich habe nicht mehr das Vermögen, daß sie mich als solche aufrütteln, und wahrscheinlich deshalb lasse ich sie durch mich hindurchgehen, ohne sie wiederzuerkennen. Mein Bewußtseinsaggregat ist zerschlagen. Ich habe das Gefühl des Geistes verloren, dessen, was eigentlich denkbar ist, oder das Denkbare wirbelt in mir umher wie ein völlig getrenntes System und kehrt dann zu seinem Schatten zurück. Und bald erlischt das Wahrnehmbare. Und es schwimmt wie Fetzen kleiner Gedanken, eine *beschreibbare* Erleuchtung der Welt, und welcher Welt!

Aber inmitten dieses namenlosen Elends ist kein Platz für einen Hochmut, der auch so etwas wie eine Bewußtseins-Seite hat. Das ist, wenn man so will, die Erkenntnis durch die Leere, eine Art gedämpfter Schrei, der anstatt schriller zu werden tiefer wird. Mein Geist hat sich durch den Bauch geöffnet, und durch den Unterleib häuft er ein düsteres und unübersetzbares Wissen an, voller unterirdischer Gezeiten, konkaver Bauwerke, voller erstarrter Bewegung. Man halte dies nicht für Sinnbilder. Dies möchte die Form eines gräßlichen Wissens sein. Aber von dem, der mich betrachtet, fordere ich nur Schweigen, aber, wenn ich so sagen darf, ein geistiges Schweigen, ähnlich meinen gereizten Worten.

Stellung des Fleisches

Ich denke an das Leben. Alle Systeme, die ich aufstellen könnte, werden niemals meinen Schreien gleichkommen, den Schreien eines Menschen, der damit beschäftigt ist, sein Leben von vorne anzufangen.
Ich stelle mir ein System vor, an dem der ganze Mensch beteiligt wäre, der Mensch mit seinem körperlichen Fleisch und den Höhen der intellektuellen Projektion seines Geistes.
In meinen Augen muß man vor allem mit dem unverständlichen Magnetismus des Menschen rechnen, mit dem, was ich, in Ermangelung eines schärferen Ausdrucks, seine Lebenskraft zu nennen gezwungen bin.
Eines Tages wird wohl meine Vernunft diese unformulierten Kräfte, die mich bedrängen, aufnehmen müssen, auf daß sie sich an die Stelle des hohen Denkens setzen mögen, diese Kräfte, die äußerlich

die Form eines Schreis haben. Es gibt geistige Schreie, Schreie, die aus der *Feinheit* des Marks stammen. *Das* nenne *ich* das Fleisch. Ich trenne mein Denken nicht von meinem Leben. Bei jeder Vibration meiner Zunge vollziehe ich alle Wege meines Denkens in meinem Fleisch nach.

Man muß des Lebens, der nervlichen Ausstrahlung der Existenz, der bewußten Vollständigkeit des Nervs beraubt gewesen sein, um sich bewußt zu werden, in welchem Ausmaß der Sinn und die Kenntnis jeden Gedankens in der nervlichen Lebenskraft des Marks verborgen liegen, und wie sehr sich jene täuschen, die die Intelligenz oder die absolute Geistigkeit hinunterschlingen. Über allem steht die Vollständigkeit des Nervs. Eine Vollständigkeit, die das ganze Bewußtsein und die verborgenen Wege des Geistes im Fleisch enthält.

Aber was bin ich inmitten dieser Theorie des Fleisches oder, besser gesagt, der Existenz? Ich bin ein Mensch, der sein Leben verloren hat, und der mit allen Mitteln versucht, es seinen Platz wieder einnehmen zu lassen. Ich bin in gewisser Weise der Anreger meiner eigenen Lebenskraft: Lebenskraft, die mir kostbarer ist als das Bewußtsein, denn das, was bei den anderen Menschen nur Mittel ist, Mensch zu sein, ist bei mir der ganze Grund.

Im Verlauf dieser im Niemandsland meines Bewußtseins verborgenen Suche glaubte ich, ein Auflodern zu bemerken, wie der Zusammenstoß von geheimen Steinen oder wie die plötzliche Versteinerung von Feuer. Feuer, die wie unmerkliche und durch ein Wunder belebte Wahrheiten wären.

Aber auf dem Weg der toten Steine muß man langsamen Schrittes gehen, vor allem einer, der die *Kenntnis der Worte* verloren hat. Das ist eine unbeschreibbare Kenntnis, die in langsamen Schüben zum Ausbruch kommt. Und wer sie besitzt, kennt sie nicht. Aber auch die Engel wissen nicht, da jede wahre Erkenntnis *dunkel* ist. Der klare Geist gehört der Materie an. Ich meine den Geist, der in einem bestimmten Augenblick klar ist.

Aber ich muß diesen Sinn des Fleisches prüfen, der mir eine Metaphysik des Seins und die definitive Erkenntnis des Lebens verschaffen soll.

Was mich betrifft, so sagt der, der Fleisch sagt, vor allem *Furcht*, gesträubtes Haar, bloßes Fleisch mit der ganzen geistigen Ergründung dieses Schauspiels des reinen Fleisches und all seinen Konsequenzen in den Sinnen, das heißt, im Gefühl.

Und wer Gefühl sagt, sagt Vorgefühl, das heißt, direkte Erkenntnis, umgekehrte Kenntnis, die sich von innen erhellt. Es gibt im Fleisch einen Geist, aber einen Geist, der schnell ist wie der Blitz. Und dennoch hat die Erschütterung des Fleisches teil an der hohen Substanz des Geistes.

Und dennoch, wer Fleisch sagt, sagt auch Empfindungsvermögen. Empfindungsvermögen, das heißt Aneignung, aber innere, geheime, tiefe, absolute Aneignung meines Schmerzes, und folglich einsame und einzige Erkenntnis dieses Schmerzes.

Manifest in klarer Sprache

für Roger Vitrac

Wenn ich weder an das Böse noch an das Gute glaube, wenn ich eine solche Zerstörungswut in mir fühle, wenn es nichts in der Ordnung der Prinzipien gibt, das ich vernünftig erreichen könnte, so liegt das Prinzip selbst in meinem Fleisch.

*

Ich zerstöre, weil bei mir alles, was von der Vernunft kommt, nicht hält. Ich glaube nur noch an die Wahrheit dessen, was mein Mark erregt, nicht an das, was sich an meine Vernunft wendet. Ich habe Abstufungen im Gebiet des Nervs entdeckt. Ich fühle mich jetzt imstande, die Wahrheit auseinanderzuhalten. Es gibt für mich eine Wahrheit des reinen Fleisches, die nichts mit der Wahrheit der Vernunft zu tun hat. Der ewige Konflikt zwischen der Vernunft und dem Herzen wird in meinem Fleisch selbst aufgehoben, aber in meinem von Nerven durchbluteten Fleisch.

Im Bereich des gefühlsmäßig Unwägbaren nimmt das durch meine Nerven hervorgerufene Bild die Form höchster Geistigkeit an, dem seinen Charakter der Geistigkeit zu entreißen ich ablehne. Und so wohne ich der Bildung eines Begriffs bei, der in sich selbst das Gleißen der Dinge trägt, und der mit einem Lärm von Schöpfung auf mich zukommt. Jedes Bild befriedigt mich nur dann, wenn es gleichzeitig *Erkenntnis* ist, wenn es zur gleichen Zeit seine Substanz wie auch seine Klarheit mit sich führt. Mein von der diskursiven Vernunft ermüdeter Geist möchte im Räderwerk einer neuen, einer absoluten Gravitation mitgerissen werden. Das ist für mich wie eine völlige Neugestaltung, an der einzig die Gesetze des Unlogischen beteiligt sind, und bei der die Entdekkung eines neuen Sinns triumphiert. Dieser Sinn, der im Wirrwarr der Drogen verloren gegangen ist, und der den widersprüchlichen Phantasmen des Schlafs den Anstrich einer tiefen Intelligenz verleiht. Dieser Sinn ist ein Sieg des Geistes über sich selbst, und obwohl er von der Vernunft nicht umstoßbar ist, existiert er, aber nur im *Inneren des Geistes*. Er ist die Ordnung, er ist die Vernunft, er ist die Bedeutung des Chaos. Aber dieses Chaos akzeptiert er nicht so, wie es ist, er interpretiert es, und da er es interpretiert, verliert er es. Er ist die Logik des Unlogischen. Damit ist alles gesagt. Meine hellsichtige Unvernunft fürchtet das Chaos nicht.

*

Ich verzichte auf nichts von dem, was der Geist ist. Ich will einzig meinen Geist mit seinen Gesetzen und seinen Organen anderswohin leiten. Ich gebe mich nicht dem sexuellen Automatismus des Geistes hin, sondern in diesem Automatismus suche ich im Gegenteil jene Entdeckungen, die die klare Vernunft mir nicht gewährt, isoliert zu betrachten. Ich gebe mich dem Fieber der Träume hin, aber um dem neue Gesetze abzugewinnen. Im Delirium suche ich die Vervielfältigung, die Verfeinerung, das geistige Auge, nicht die gewagte Weissagung. Es gibt ein Messer, das ich nicht vergesse.

*

Aber das ist ein Messer, halbwegs in den Träumen, und das ich im Inneren meiner selbst aufrechterhalte, das ich nicht an die Grenze der klaren Sinne gelangen lasse.

*

Was zum Bereich des Bildes gehört, kann von der Vernunft nicht reduziert werden und muß im Bild verbleiben, andernfalls zerstört man sich.
Aber dennoch herrscht eine Vernunft in den Bildern, es gibt viel klarere Bilder in der Welt der bildhaften Lebenskraft.
Im unmittelbaren Gewimmel des Geistes findet ein vielgestaltiges und brillantes Einstreuen von Tieren statt. Dieses unmerkliche und *denkende* Bestäuben ordnet sich gemäß Gesetzen an, die es aus dem Inneren seiner selbst bezieht, am Rande der klaren Vernunft und des Bewußtseins, oder der *durchmessenen* Vernunft.

*

Im erhöhten Bereich der Bilder existiert die Illusion, der materielle Irrtum eigentlich nicht, um so mehr aber die Illusion der Erkenntnis; aber um so mehr noch kann und muß der Sinn einer neuen Erkenntnis sich auf die Wirklichkeit des Lebens erstrecken. Die Wahrheit des Lebens liegt in der Impulsivität der Materie. Der Geist des Menschen ist krank inmitten der Begriffe. Verlangt von ihm nicht, daß er sich zufriedengibt, verlangt von ihm nur, ruhig zu sein, zu glauben, daß er wirklich seinen Platz gefunden hat. Aber einzig der *Wahnsinnige* ist ganz ruhig.

Brief an irgend jemand

Lieber Herr,

ich habe Ihnen eine Reihe bemühter Sätze geschickt, die versuchten, sich der Idee des Selbstmordes zu nähern, sie aber in Wirklichkeit überhaupt nicht anschnitten. Die Wahrheit ist, daß ich den Selbstmord nicht verstehe. Ich gebe zu, daß man sich gewaltsam vom Leben trennt, von dieser Art zwangsläufigen Nebeneinanders der Dinge mit dem Wesen unseres Ichs, aber die Tatsache selbst, der abenteuerliche Charakter dieser Loslösung entgeht mir.
Seit langem geht der Tod mich nichts an. Ich sehe nicht recht, was man bewußt in sich zerstören kann: selbst wenn man freiwillig stirbt. Da ist ein zwangsläufiges Eindringen *Gottes* in unser Wesen, das wir mit diesem Wesen zerstören müßten, da ist alles, was dieses Wesen betrifft und was ein unerläßlicher Bestandteil seiner Substanz geworden ist, und der den-

noch nicht mit ihm sterben wird. Da ist diese endgültige Verseuchung des Lebens, da ist diese Invasion der Natur, die durch ein Spiel geheimnisvoller Reflexe und Kompromisse viel besser als wir selbst bis zum Prinzip unseres Lebens vordringt. Von welcher Seite ich auch in mich blicke, ich spüre, daß keine meiner Gesten, keiner meiner Gedanken mir gehört.
Ich spüre das Leben nur mit einer Verzögerung, die es mir hoffnungslos scheinbar macht.
Mit jedem Gedanken, auf den ich verzichte, habe ich bereits Selbstmord verübt. Selbst im Nichts gibt es noch zu viele Dinge zu zerstören. *Ich glaube, daß ich darauf verzichte, zu sterben.* Ich begreife, ich empfinde den Tod nicht als Abenteuer, ich empfinde, wie ich sterbe, unpathetisch, reibungslos, sprachlos sterbe, aber mit einem langsamen, unabänderlichen Zerreißen.
Ich vermag nichts anderes zu begreifen als das, was in mein Denken eindringt. Der Tod kann nur einer dieser tausend Schauder sein, einer dieser vagen Krallenhiebe der Dinge, die an die Membrane meines Ichs rühren. Die Dinge muß man wirklich nicht mehr leben: ich fühle, daß ich alles gelebt habe, und wenn ich mich nach dem Tod umdrehe, um mich von dieser sklavischen Abhängigkeit vom Denken, vom Fühlen, vom Leben zu befreien . . .
Aber was mir beim Tod die meiste Furcht bereitet, ist nicht die Gegenüberstellung mit Gott, jene Rückkehr zu meinem Mittelpunkt, sondern die Notwendigkeit eines endgültigen In-mich-Gehens als Beendigung meiner Leiden.
Ich kann mich nicht vom Leben befreien, ich kann mich nicht von *irgend etwas* befreien.

Ich würde gern Gewißheit haben, daß Denken, Fühlen, Leben Fakten sind, die Gott vorhergehen; der Selbstmord hätte dann einen Sinn.

Aber Gott, der stumpfsinnige Tod, das noch grauenvollere Leben sind jene drei Begriffe eines unlösbaren Problems, an das der Selbstmord nicht rührt.

Herzlich Ihr

Korrespondenz der Mumie

Dieses Fleisch, das sich im Leben nicht mehr berührt,
diese Zunge, der es nicht mehr gelingt, über ihre Oberfläche hinauszugehen,
diese Stimme, die nicht mehr die Wege des Tons beschreitet,
diese Hand, die mehr als die Geste des Greifens vergessen hat, der es nicht mehr gelingt, den Raum zu bestimmen, wo sie ihr Greifen verwirklichen wird,
dieses Hirn schließlich, in dem das Auffassen nicht mehr in seinen Bahnen bestimmt wird,
all das, was meine Mumie aus frischem Fleisch ausmacht, gibt Gott eine Vorstellung von der Leere, in die die Notwendigkeit, geboren zu sein, mich gestellt hat.
Weder ist mein Leben vollständig, noch ist mein Tod ganz und gar gescheitert.
Physisch bin ich nicht, meines massakrierten, unvoll-

ständigen Fleisches wegen, dem es nicht mehr gelingt, mein Denken zu nähren.

Geistig zerstöre ich mich selbst, ich lasse mich nicht mehr als Lebender gelten. Meine Empfindung ist auf gleicher Höhe mit den Steinen, und es fehlt wenig, daß die Würmer daraus hervorkriechen, das Ungeziefer verlassener Baustellen.

Aber mein Tod ist viel raffinierter, dieser vervielfältigte Tod meiner selbst besteht in einer Art Verknappung meines Fleisches. Der Verstand hat kein Blut mehr. Der Tintenfisch der Alpträume gibt all seine Tinte her, die die Auswege des Geistes verstopft, dies ist ein Blut, das sogar seine Adern eingebüßt hat, ein Fleisch, das die Schneide des Messers nicht kennt.

Aber in diesem zerfurchten Fleisch, in diesem unfesten Fleisch, fließt von oben bis unten stets das virtuelle Feuer. Eine Hellsichtigkeit entzündet von Stunde zu Stunde seine Gluten, die das Leben und seine Blüten einholen.

Alles, was unter der festen Kuppel des Himmels einen Namen hat, alles, was eine Stirn hat – was der Knoten eines Atemzugs und die Saite eines Erzitterns ist, all das geht durch den Wirbel dieses Feuers, in dem die Wogen des Fleisches sich umkehren, dieses harten und weichen Fleisches, das eines Tages wie die Sintflut eines Blutes aufsteigen wird.

Habt ihr die im Kreuzungspunkt der Phänomene erstarrte Mumie gesehen, diese unwissende, diese lebendige Mumie, die die Grenzen ihrer Leere ganz und gar nicht kennt, der vor den Pulsschlägen ihres Todes graut.

Die freiwillige Mumie ist aufgestanden, und um sie herum regt sich alle Wirklichkeit. Und das Bewußtsein, wie ein Anlaß zur Zwietracht, durchquert das ganze Feld seiner zwangsläufigen Virtualität.

In dieser Mumie findet ein Verlust des Fleisches statt, in der düsteren Sprache ihres geistigen Fleisches steckt ein ganzes Unvermögen, dieses Fleisch zu beschwören. Dieser Sinn, der in den Adern dieses mystischen Fleisches fließt, dessen Sprünge jeder eine Art von Welt und eine andere Weise des Gebärens ist, richtet sich zugrunde und verzehrt sich selbst im Brand eines irrigen Nichts.

O! der Nährvater dieses Verdachts sein, der Multiplikator dieses Gebärens und dieser Welt in ihren Divertimenti, in ihren blühenden Folgen.

Aber all dies Fleisch ist nur Beginnen und nur Bewußtseinstrübung, und nur Bewußtseinstrübung, und nur Bewußtseinstrübung...

                                             Bewußtseinstrübung.

In tiefster Nacht

oder

Der surrealistische Bluff

Ob die Surrealisten mich hinausgeworfen haben oder ob ich mich selbst vor die Tür ihrer grotesken Scheinhandlungen gesetzt habe, darauf kommt es seit langem nicht an*. Weil ich von einer Maskerade

---

* *Ich lege kaum Gewicht auf die Tatsache, daß die Surrealisten* bei dem Versuch, mich zu vernichten, nichts Besseres gefunden haben, als sich meiner eigenen Schriften zu bedienen. Man muß allerdings wissen, daß jene Anmerkung, die auf den Seiten 6 und 7 unten der Broschüre *Am hellichten Tage* steht, und die darauf hinzielt, auch noch die Grundlagen meiner Tätigkeit zu zerstören, nur die glatte Nachbildung, die kaum verhüllte Kopie von Fragmenten ist, die Texten entnommen wurden, die ich für sie bestimmte und in welchen ich mich damit befaßte, ihre eigene Tätigkeit voller niederträchtigem Haß und Anwandlungen ohne Dauer, in ihr wahres Licht zu rücken. Ich hatte aus diesen Fragmenten den Gegenstand eines Artikels gemacht, der mir nacheinander von zwei oder drei Zeitschriften, darunter die *N.R.F.*, als zu kompromittierend abgelehnt wurde[1]. Es ist nicht so wichtig zu wissen, durch die Vermittlung welches Spitzels dieser Artikel in ihre Hände geraten ist. Wesentlich ist, daß sie ihn für peinlich genug hielten,

genug hatte, die nur allzu lange gedauert hatte, habe ich mich von dort nach innen zurückgezogen, übrigens mit der vollen Gewißheit, daß die Surrealisten in dem neuen Rahmen, den sie gewählt hatten, nicht mehr tun würden als in irgendeinem anderen. Die Zeit und die Tatsachen haben es nicht versäumt, mir recht zu geben.

Man fragt sich, was es der Welt schon ausmachen kann, ob der Surrealismus sich nach der Revolution richtet oder ob sich die Revolution außerhalb und oberhalb des surrealistischen Abenteuers vollziehen soll, wenn man bedenkt, wie wenig Einfluß die Surrealisten auf die Sitten und Ideen dieser Zeit erwerben konnten.

Gibt es übrigens noch ein surrealistisches Abenteuer, und ist der Surrealismus nicht seit jenem Tage tot, da Breton und seine Adepten glaubten, sich dem Kommunismus anschließen zu müssen, und auf dem Gebiet der Tatsachen und der unmittelbaren Materie das Ergebnis eines Tuns zu suchen, das sich normalerweise nur im inneren Bereich des Hirns abspielen konnte.

Sie glauben, es sich leisten zu können, mich zu verspotten, wenn ich von einer Metamorphose der inneren Bedingungen der Seele* spreche; als ob ich Seele

---

um das Bedürfnis zu verspüren, seine Wirkung zu neutralisieren. Was die Beschuldigungen angeht, die ihnen zugedacht waren und die sie mir zurückgeben, so überlasse ich Leuten, die mich gut kennen, und nicht ihrer gemeinen Art und Weise, die Sorge, uns auseinanderzuhalten.

Der ganze Grund, die ganze Erregung unseres Streites dreht sich um das Wort Revolution.

* Als ob ein Mann, der ein für allemal die Grenzen seines Tuns erprobt hat, und der es ablehnt, sich über das hinaus zu engagieren, was er

in dem scheußlichen Sinne verstünde, in dem sie sie verstehen, und als ob es, vom Absoluten her gesehen, auch nur von geringstem Interesse wäre zu erleben,

ganz ehrlich für diese Grenzen hält, vom revolutionären Standpunkt aus weniger Interesse verdiente als irgendein eingebildeter Schreihals, der in der erstickenden Welt, in der wir leben, dieser stilliegenden und für alle Zeiten starren Welt, an irgendeinen aufständischen Zustand appelliert, aus der Sorge heraus, Taten und Gesten zu unterscheiden, von welchen jedermann genau weiß, daß er sie nicht ausführen wird. Genau das ist es, was mich den Surrealismus hat verabscheuen lassen: die Erwägung der ursprünglichen Ohnmacht, der angeborenen Schwäche dieser Herren, im Gegensatz zu ihrer permanent prahlerischen Haltung, ihren ins Leere gehenden Drohungen, ihren ins Nichts gerichteten Blasphemien. Und was tun sie heute anderes, als uns einmal mehr ihre Ohnmacht, ihre unüberwindliche Sterilität zu enthüllen. Weil ich es abgelehnt habe, mich über mich selbst hinaus zu engagieren, weil ich Schweigen um mich herum verlangt habe und im Denken und Handeln dem treu blieb, was ich als meine tiefe, meine unverzeihliche Ohnmacht empfand, haben diese Herren meine Gegenwart in ihrer Mitte für unpassend erachtet. Was ihnen aber vor allem anderen als verurteilenswert und blasphemisch erschien, war, daß ich nur mir die Sorge überlassen will, meine Grenzen zu bestimmen, und daß ich verlange, daß man mich frei und Herr meines eigenen Tuns sein läßt. Aber was macht mir schon die ganze Revolution der Welt aus, wenn ich innerhalb meiner eigenen Leichengrube ewig leiderfüllt und beklagenswert bleiben kann. Möge kein Mensch etwas berücksichtigen, was über sein tiefes Empfindungsvermögen, sein ganz persönliches Ich hinausgeht: das ist für mich der Standpunkt der vollständigen Revolution. Es gibt nur eine richtige Revolution, nämlich die, die mir und Menschen wie mir von Nutzen ist. Die revolutionären Kräfte einer beliebigen Bewegung sind jene, die imstande sind, die derzeitige Grundlage der Dinge aus dem Gleichgewicht zu bringen, den Blickwinkel der Wirklichkeit zu verändern.
Aber in einem an die Kommunisten gerichteten Brief gestehen sie ein, daß sie auf dem Gebiet, auf dem sie sich gerade engagieren, völlig unvorbereitet sind. Mehr als das: daß die Art von Tätigkeit, die man ihnen abverlangt, mit ihrer eigenen Gesinnung unvereinbar ist.
Und hier treffen sie und ich, was sie auch einwenden mögen, zumindest teilweise in einer ähnlich gearteten Hemmung wieder zusammen, obwohl sie auf Gründen beruht, die für mich sehr viel schwerwiegen-

wie sich das soziale Gerüst der Welt verändert, oder wie die Macht aus den Händen der Bourgeoisie in die des Proletariats übergeht.

---

der, sehr viel bedeutsamer sind als für sie. Schließlich gestehen sie sich ein, daß sie nicht imstande sind zu tun, was zu versuchen ich stets abgelehnt habe. Was die surrealistische Tat selbst angeht, so bin ich ruhig. Sie können höchstens ihr Leben damit zubringen, sie zu ermöglichen. Bestandsaufnahme machen, eine innere Bestandsaufnahme machen, wie irgendein Stendhal, diese Amiels der kommunistischen Revolution. Die Idee der Revolution wird für sie immer nur eine Idee sein, ohne daß diese Idee durch das Altern eine Spur von Wirksamkeit erlangt.
Aber sehen sie denn nicht, daß sie die Nichtigkeit der surrealistischen Bewegung, des von jeglicher Verseuchung unberührten Surrealismus, offenbaren, wenn sie das Bedürfnis verspüren, seine innere Entwicklung, seine wirkliche Entwicklung zu unterbrechen, um ihn durch einen prinzipiellen oder tatsächlichen Beitritt zur Kommunistischen Partei Frankreichs abzustützen. War das die Bewegung der Revolte, diese Feuersbrunst an der Basis jeglicher Wirklichkeit? Mußte der Surrealismus, um zu leben, sich in einer tatsächlichen Revolte inkarnieren, sich mit derartigen Forderungen vereinigen, die den Acht-Stunden-Tag, die Lohnanpassung oder den Kampf gegen Preissteigerungen betreffen. Welch Scherz, oder welch seelische Erbärmlichkeit. Dennoch scheinen sie das zu sagen: daß der Beitritt zur Kommunistischen Partei Frankreichs ihnen als die logische Folge der Entwicklung der surrealistischen Idee und als ihr einziger ideologischer Schutz erschiene!!!
Aber ich bestreite, daß die logische Entwicklung des Surrealismus ihn zu dieser bestimmten Form von Revolution geführt hat, die unter dem Namen Marxismus verstanden wird. Ich habe immer geglaubt, daß eine so unabhängige Bewegung wie der Surrealismus nicht den Methoden der gewöhnlichen Logik unterworfen wäre. Das ist übrigens ein Widerspruch, der die Surrealisten nicht sehr verlegen macht, gern bereit wie sie sind, sich nichts von dem entgehen zu lassen, was zu ihrem Vorteil sein kann, nichts von dem, was ihnen augenblicklich dienlich sein kann. – Sprecht mit ihnen über Logik, und sie werden euch Unlogik antworten, aber sprecht mit ihnen über Unlogik, Unordnung, Zusammenhangslosigkeit, Freiheit, und sie werden euch Notwendigkeit, Gesetz, Pflichten, Strenge antworten. Diese wesentliche Unaufrichtigkeit bildet den Ausgangspunkt ihrer Machenschaften.

Wenn die Surrealisten das wenigstens wirklich anstreben würden, könnte man ihnen zumindest verzeihen. Ihr Ziel wäre banal und beschränkt, aber immerhin würde es existieren. Aber haben sie das geringste Ziel, auf das hin man ein Tätigwerden einleiten könnte, und wann waren sie imstande, eines zu formulieren?
Arbeitet man übrigens an einem Ziel? Arbeitet man mit Beweggründen? Glauben die Surrealisten ihre abwartende Haltung durch die schlichte Tatsache des Bewußtseins, das sie von ihr haben, rechtfertigen zu können? Die abwartende Haltung ist keine Einstellung. Wenn man nichts tut, läuft man nicht Gefahr, auf die Schnauze zu fallen. Aber das ist kein ausreichender Grund, von sich reden zu machen.
Ich verachte das Leben viel zu sehr, um zu glauben, daß eine Veränderung, wie immer geartet sie auch sein mag, die sich im Rahmen des Scheins entwickelte, etwas an meinem abscheulichen Zustand ändern könnte. Was mich von den Surrealisten trennt, ist, daß sie das Leben so sehr lieben, wie ich es verachte. Sich bei jeder Gelegenheit und mit Haut und Haaren vergnügen – das ist der Mittelpunkt ihrer Obsessionen. Aber ist die Askese nicht eins mit der wirklichen Magie, selbst der schmutzigsten, selbst der schwärzesten. Sogar der teuflische Genießer hat asketische Seiten, eine gewisse Kasteiungsbereitschaft.
Ich rede nicht von ihren Schriften, die glänzend, wenn auch nutzlos sind von dem Standpunkt aus, den sie einnehmen. Ich rede von ihrer wesentlichen Haltung, vom Beispiel ihres ganzen Lebens. Ich hege keinen individuellen Haß. Ich stoße sie ab und verur-

teile sie im ganzen, und erweise jedem von ihnen die Achtung und sogar die ganze Bewunderung, die sie für ihre Werke oder ihren Geist verdienen. In jedem Falle und in dieser Beziehung werde ich nicht so kindisch sein wie sie, in bezug auf sie eine Kehrtwendung zu machen und ihnen jegliches Talent abzusprechen, da sie ja nicht mehr meine Freunde sind. Aber darum geht es glücklicherweise nicht.
Es geht um die Verschiebung des geistigen Mittelpunktes der Welt, um den Höhenunterschied des Scheins, um die Umbildung des Möglichen, die hervorzurufen der Surrealismus beitragen sollte. Alle Materie beginnt mit einer geistigen Unordnung. Es den Dingen, ihren Verwandlungen überlassen, uns zu führen, ist der Standpunkt einer obszönen Bestie, eines Nutznießers der Wirklichkeit. Niemand hat je etwas verstanden, und die Surrealisten verstehen ihrerseits nicht und können nicht vorhersehen, wohin ihr Wille zur Revolution sie führen wird. Nicht imstande, sich eine Revolution auszumalen oder vorzustellen, die sich nicht im Rahmen der trostlosen Materie bewegte, überlassen sie es dem Schicksal, einem gewissen Zufall der Schwäche und der Ohnmacht, die ihnen eigen ist, ihre Passivität, ihre ewige Sterilität zu erklären.
Der Surrealismus war für mich immer nur eine neue Art von Magie. Die Phantasie, der Traum, diese ganze intensive Befreiung des Unbewußten, dessen Ziel es ist, das zutage treten zu lassen, was die Seele gewöhnlich versteckt hält, muß notwendigerweise tiefreichende Veränderungen in der Abstufung des Scheins, im Wert des Sinns und dem Symbolismus des Erschaffenen bewirken. Das Konkrete wechselt

vollständig die Einkleidung, das Äußere, entspricht nicht mehr den gleichen geistigen Gebärden. Das Jenseits, das Unsichtbare drängen die Wirklichkeit zurück. Die Welt hält nicht mehr stand.
Dann kann man beginnen, die Phantome zu durchbohren, den falschen Schein zu beenden.
Die dicke Mauer des Okkulten möge ein für allemal auf all diese ohnmächtigen Schwätzer stürzen, die ihr Leben in Beschwörungen und leeren Drohungen verzehren, auf diese Revolutionäre, die nichts revolutionieren.
Diese Bestien, die mich auffordern, zu konvertieren. Ich hätte es gewiß sehr nötig. Aber wenigstens gestehe ich mir ein, daß ich verkrüppelt und schmutzig bin. Ich sehne mich nach einem anderen Leben. Aber alles in allem ziehe ich es vor, an meiner Stelle statt an ihrer zu sein*.

---

* Diese Bestialität, von der ich spreche, und die sie so sehr aufbringt, charakterisiert sie jedoch am besten. Ihre Liebe zum unmittelbaren Vergnügen, das heißt zur Materie, hat sie ihre ursprüngliche Orientierung verlieren lassen, diese herrliche Kraft des Entrinnens, von der wir glaubten, daß sie uns deren Geheimnis vermitteln wollten. Ein Geist des Unfriedens und der schäbigen Schikane treibt sie dazu, sich gegenseitig schlechtzumachen. Gestern waren es Soupault und ich, die angewidert weggingen. Vorgestern war es Roger Vitrac, dessen Ausschluß einer ihrer ersten Schweinereien ist[2].
Sie mögen noch so sehr aufschreien in ihrer Ecke und behaupten, das sei falsch; ich werde ihnen antworten, daß für mich der Surrealismus stets eine schleichende Ausbreitung des Unsichtbaren, das Unbewußte in Reichweite war. Die greifbar gewordenen Schätze des unsichtbaren Unbewußten, die die Sprache direkt, in einem Zug leiten.
Was mich betrifft, so rechtfertigen mich Ruysbroek, Martinez de Pasqualis, Böhme hinlänglich. Jede geistige Tat, wenn sie berechtigt ist, verwirklicht sich, wenn es nötig ist. Die inneren Bedingungen der Seele! aber sie führen ihre Einkleidung aus Stein, aus wirklichem Tätig-

Was bleibt vom surrealistischen Abenteuer? Wenig, es sei denn eine große enttäuschte Hoffnung, aber auf dem Gebiet der Literatur haben sie vielleicht tatsächlich etwas geleistet. Dieser Haß, dieser leidenschaftliche Ekel, mit dem das Geschriebene überhäuft wurde, stellt eine fruchtbare Haltung dar, die eines Tages vielleicht, später, nützlich sein wird. Die Literatur ist dadurch gereinigt worden, der wesentlichen Wirklichkeit des Hirns nähergekommen. Aber das ist alles. Positive Errungenschaften am Rande der Literatur und der Bilder gibt es nicht, und dennoch war das die einzig wichtige Tatsache. Aus dem richtigen Gebrauch der Träume konnte eine neue Art, sein Denken zu lenken und sich inmitten des Scheins zu verhalten, hervorgehen. Die psychologische Wahrheit war frei von jedem parasitären, unnützen Auswuchs, und wurde viel genauer erfaßt. Ganz gewiß lebte man damals, aber vielleicht ist es eine Gesetzmäßigkeit des Geistes, daß die Preisgabe der Wirklichkeit immer nur zu Phantomen führen kann. Im engen Rahmen unseres tatsächlichen Gebietes werden wir von allen Seiten bedrängt, gebeten. Man hat es deutlich gesehen an der Verblendung, die Revolutionäre auf der höchstmöglichen Ebene dazu geführt hat, diese Ebene buchstäblich zu verlassen und das Wort Revolution mit seiner utilitaristischen, praktischen Bedeutung, der sozialen Bedeutung zu verbinden, von der man behauptet, daß sie die einzig gültige sei, denn man will sich nicht mit Worten zufrieden geben. Eine merkwürdige Selbstbesinnung, eine merkwürdige Verflachung.

---

werden mit sich. Das ist etwas Erworbenes, und zwar etwas Selbsterworbenes, das unverzeihlicherweise unausgesprochen blieb.

Glaubt man, es könnte ausreichen, eine einfache moralische Haltung vorzubringen, wenn diese Haltung ganz von Passivität geprägt ist? Das Innere des Surrealismus führt ihn bis zur Revolution. Das ist die positive Tatsache. Die einzig mögliche wirksame Schlußfolgerung (wie sie sagen), der sich anzuschließen eine große Zahl von Surrealisten abgelehnt hat; aber was hat den anderen der Anschluß an den Kommunismus gegeben, was hat er sie wiedergeben lassen? Er hat sie nicht einen Schritt vorankommen lassen. Nie habe ich im geschlossenen Kreis meiner Person die Notwendigkeit dieser Moral des Werdens empfunden, von der, so scheint es, die Revolution abhängt. Über jede reale Notwendigkeit stelle ich die logischen Forderungen meiner eigenen Wirklichkeit. Das ist die einzige Logik, die mir gültig erscheint, und nicht irgendeine höhere Logik, deren Strahlen mich nur insofern bewegen, als sie mein Empfindungsvermögen berühren. Es gibt keine Disziplin, der zu unterwerfen ich mich gezwungen fühle, wie streng die Überlegung auch sei, die mich veranlaßt, mich ihr anzuschließen.
Zwei oder drei Prinzipien des Todes und des Lebens stehen für mich über jeder bedenklichen Unterwerfung. Und alle Logik ist mir immer nur wie ein Plagiat erschienen.

*

Der Surrealismus ist am schwachsinnigen Sektierertum seiner Adepten gestorben. Was von ihm übrigbleibt, ist eine Art hybrider Anhäufung, die mit einem Namen zu versehen selbst die Surrealisten nicht imstande sind. Fortwährend am Rande des Scheins, untauglich, im Leben Fuß zu fassen, ist der Surrealismus immer noch dabei, seinen Ausweg zu suchen, auf der Stelle zu treten. Unfähig zu wählen, sich zu entscheiden, sei es ganz für die Lüge, sei es ganz für die Wahrheit (wahre Lüge des illusorischen Geistigen, falsche Wahrheit des unmittelbaren, aber zerstörbaren Wirklichen), macht der Surrealismus Jagd auf diesen unergründlichen, unbestimmbaren Spalt der Wirklichkeit, an den er seinen einst mächtigen Hebel ansetzen kann, der heute in die Hände von Kastraten gefallen ist. Aber meine wohlbekannte Geistesschwäche und meine Feigheit lehnen es ab, sich im geringsten für Umwälzungen zu interessieren, die nur die äußere, unmittelbar wahrnehmbare Seite der Wirklichkeit berühren. Die äußere Verwandlung ist meines Erachtens etwas, das nur zusätzlich bewirkt werden kann. Die soziale Ebene, die materielle Ebene, auf die die Surrealisten ihre armseligen Anwandlungen zur Tat richten, ihr für alle Zeiten virtueller Haß: all das ist für mich nur sinnlose, unausgesprochene Komödie.

Ich weiß, daß ich in der gegenwärtigen Debatte alle freien Menschen auf meiner Seite habe, alle wirklichen Revolutionäre, die meinen, daß die individuelle Freiheit ein Gut ist, das höher steht als irgendeine Errungenschaft, die auf einem begrenzten Gebiet erzielt wurde.

*

Meine Skrupel angesichts jeder wirklichen Tat? Diese Skrupel sind absolut und zweierlei Art. Sie zielen, kategorisch gesagt, auf jenen tief eingewurzelten

Sinn der gründlichen Nutzlosigkeit jeder Tat, sei sie nun spontan oder nicht.

Das ist der Standpunkt des völligen Pessimismus. Aber eine bestimmte Form des Pessimismus führt ihre Hellsichtigkeit mit sich. Die Hellsichtigkeit der Verzweiflung, der Bedeutungen, so übertrieben wie am Rande der Abgründe. Und neben der furchtbaren Bedingtheit jedweder menschlichen Tat diese unbewußte Spontaneität, die trotz allem zur Tat treibt.

Und auch auf dem zweideutigen, unergründlichen Gebiet des Unbewußten: Signale, Perspektiven, Einblicke, ein ganzes Leben, das größer wird, wenn man es festhält, und sich als fähig erweist, den Geist noch zu verwirren.

Das sind also unsere gemeinsamen Skrupel. Aber bei ihnen haben sie sich, so scheint es, zugunsten der Tat aufgelöst. Aber nachdem sie die Notwendigkeit dieser Tat einmal erkannt haben, beeilen sie sich zu erklären, daß sie zu ihr nicht imstande sind. Das ist ein Gebiet, von dem die Beschaffenheit ihres Geistes sie für immer fernhält. Und was mich betrifft, habe ich je etwas anderes gesagt? Trotzdem sprechen zu meinen Gunsten dennoch trostlos anormale psychologische und physiologische Umstände, auf die sie sich nicht berufen können.

Antonin Artaud in der Familie, gestützt auf die Schulter seiner Mutter

Antonin Artaud mit seiner Mutter und seinem Bruder, 1917

Antonin Artaud und Willy, um 1930

Selbstporträt, 1925–1927

Élie Lascaux: Antonin Artaud, 1923

Jean de Bosschère, Der Automat
(Porträt Antonin Artauds)

von links nach rechts: André Breton, Max Morise, Roland Tual, Simone Collinet-Breton, Louis Aragon, Colette Jérameck-Tual.

2. Umschlagseite von Nr. 2 der *Révolution surréaliste*, 15.1.1925

Schlußstrich

Ich ziehe mit dieser Broschüre den Schlußstrich unter eine schon alte Diskussion, die man gründlich mißverstehen konnte. Es ging keineswegs darum, die Tätigkeit der Surrealisten auf dem Gebiet der Ideen zuschanden zu machen, sondern die schwere Abweichung zu korrigieren, die der Surrealismus mit der Zeit erfahren hat. Und schließlich darum, dem Surrealismus sein sektiererisches und tendenziöses Aussehen zu nehmen, um aus ihm eine völlig desinteressierte Bewegung zu machen, die angesichts des reinen Geistes nicht das Aussehen eines vorläufigen Versuchs hätte, sondern das einer Anstrengung, das Denken im Sinne des Absoluten zu revolutionieren. Als fleischlicher Tempel des Geistes, geistiges Beinhaus, Pyramide der Vorurteile, bedroht die kultivierte Welt die Ewigkeit auf ihre Weise. Das Problem des Surrealismus ist kein Schulproblem, sondern vielmehr, sofern man es nur um eine Stufe erhebt, das wirkliche Problem des Le-

*bens und des Todes. Man brauchte gar nicht gewisse wahrnehmbare innere Tendenzen des Surrealismus besonders hervorzuheben, um ihn in den Okkultismus, sogar in eine ganz besondere Art von Magie verfallen zu lassen. Der Surrealismus kam zu mir zu einem Zeitpunkt, da es dem Leben völlig gelungen war, mich zu ermüden, mich zur Verzweiflung zu bringen, und wo es für mich nur noch im Wahnsinn oder im Tod einen Ausweg gab. Der Surrealismus war diese virtuelle Hoffnung, nicht greifbar und wahrscheinlich ebenso trügerisch wie eine andere, die einen aber ungewollt dazu treibt, einen letzten Versuch zu machen, sich an irgendwelche Phantome zu klammern, sofern es ihnen nur gelingt, den Geist ein bißchen zu täuschen. Der Surrealismus konnte mir nicht eine verlorene Substanz wiedergeben, aber er lehrte mich, in der Arbeit des Denkens nicht eine Kontinuität zu suchen, die mir unmöglich geworden war, und mich mit Larven bescheiden zu können, die mein Geist vor mir herzog. Mehr als das, diesen Larven verlieh er einen Sinn, ein unbestreitbares, ätzendes Leben, und ich lernte tatsächlich, erneut an mein Denken zu glauben. Man sieht all das Positive, das in einer Bewegung dieser Art liegt, wenn sie sich auch in einem ziemlich instabilen und subtilen Gleichgewicht befindet, und die Revolution, die sie sogar im Arbeiten des Denkens vorzunehmen imstande war. Und man male sich aus, auf welchen Wegen und an welchem abgelegenen Ort des Geistes sich diese Revolution hätte bilden können. Diese Revolution ist es, die die Surrealisten nicht begreifen konnten, und die sich bei dieser Gelegenheit mit der anderen begnügten, die den Wert des Geistes abstreitet.
Ich erlangte also geistig die Virtualität der Formen*

wieder, die die Natur mir in der unmittelbaren Gegenwart verweigerte. Ich durchdrang aufgrund der gleichen Tatsache die ganze vitale Bedeutung dessen, was die Philosophen das Nicht-in-Erscheinung-Getretene *nennen! Die äußeren Werte veränderten sich. Und das Wesen einer vergessenen Tradition funkelte erneut vor mir. Man konnte einen Ausweg in eine Welt ins Auge fassen, die nicht gerade formlos war (denn es geht nicht um ein Schwinden der Materie und ihre Vernichtung mitten in einer völlig aus Geist bestehenden Wirklichkeit, sondern vielmehr um einen Weg für das Wesen, sich über sich selbst zu erheben, ohne sich den Phantasmen eines enttäuschenden Idealismus hinzugeben).*

Die Sorge des Surrealismus, am Rande des Konkreten ein nichtsubstanzloses Gebiet zu erschaffen, ist bemerkenswert und sehr charakteristisch; denn was ihn von der reinen Metaphysik trennt, ist jene Art von vibrierender Dichte, die für ihn mit dem Gedankenflug verbunden ist. Für den Surrealismus in seinem ursprünglichen Wesen (und der der ist, dem ich mich angeschlossen hatte) hat sogar die Abstraktion einen Körper und durchschreitet Türen. Überall im Geist macht die Welt ihre Formen fest. Man kann sie unmöglich außerhalb der geistigen Verknüpfung erfassen, aus der sie hervorgehen. Daher befinde ich mich in Opposition gegen eine Zeit, die sich für immer von den Essentia abgewandt hat und höchstens das Besondere in Betracht ziehen kann.

Die Revolution ist rein geistiger Natur. Das Leben interessiert mich nicht. Aber der Idealismus, den ich ins Auge fasse, hat nicht dieses schematische und trockene Aussehen, das den virtuellen Formen angehört. Eine

Art kosmischer Atmung durchdringt die Zustände eines Denkens, das nur das Absolute verfolgt. Und dieses Absolute ist es, das es mir erlaubt, meine gegenwärtige Unterlegenheit zu ertragen, und das andererseits den Eifer der Surrealisten verurteilt, so zu leben, als ob sie der blödsinnigen Ansicht beipflichteten, daß das Leben kurz sei und man sich beeilen müsse, es auszunützen. Jetzt besteht kaum Hoffnung, daß ich dieses Tor zur Ewigkeit wieder schließe. Ich weiß, daß die Poesie nur ein aktiveres Bild der universellen Wahrheit ist, die sich in ihr Absolutes zurückgezogen hat. Der Surrealismus hat mich damit konfrontiert. Aber er selbst ist nur unter der Bedingung etwas wert, daß ich mich von ihm befreie. Das Delirium, das er predigt, stößt außerdem auf meinen Mangel an lebendiger Substanz, der übrigens innerer Art ist. Die Ewigkeit läutet die Geduld[1]. Inzwischen lasse ich meine Ungeduld nicht merken. Aber ich hatte vor allem das Bedürfnis, mich zu befreien. Meine Einsamkeit genau zu bestimmen. Ich kann alleine leiden. Ich weiß, daß die Zeit mich rächt.[2]

*

Paris, 20. Juli 1927[3]

Da sind Sie abermals hereingefallen, mein lieber B... Sie haben Breton gesehen, und das genügte. Aber glauben Sie, daß der Surrealismus nach jenem letzten bedauernswerten Zusammenbruch seine Abfälle sammeln, sich neu bilden kann im Hinblick auf die Fortsetzung seiner ehemaligen Ziele. Nein, mein lieber B... Nein! Genug! Genug ist genug. Für mich ist über die Frage geurteilt worden, und zwar richtig. Streng genommen hat es nie einen surrealistischen

Geist gegeben. Das beste dieses Geistes steckte schon in Lautréamont, in Rimbaud, sogar in Léon-Paul Fargue. Die Surrealisten haben also keine Neuerungen eingeführt, und obendrein haben sie von etwas ganz Spontanem, dessen Auswirkungen jedoch immens sein konnten, eine mechanische Methode abgeleitet, bei der die schlimmsten Gebiete des Bewußtseins auf dem Spiel stehen.

Was wollen Sie also mit ihnen fortsetzen. Mit welchen neuen, vom Herdentrieb gelenkten Gruppen, die sich ihre Losung allein bei André Breton holen werden??? Denn gab es im Surrealismus je etwas anderes als André Breton. Hing der ganze Surrealismus, seine Widersprüche, seine Stimmungen, nicht von den persönlichen Widersprüchen und Stimmungen André Bretons ab? Denken Sie an den Versuch einer konzertierten Aktion, der im Laufe der Monate Januar, Februar und März 1925 stattfand. Eine Aktion, an der teilzunehmen Breton sich weigerte, da er in diesem Augenblick mit weitaus edleren, weitaus gewaltigeren (obgleich individuellen) Zielen beschäftigt war als jenen, die er gegenwärtig verfolgt[4]. Diese Ziele brauche ich Ihnen nicht zu benennen, aber sie waren dergestalt, daß sie ihn auf gewisse persönliche Sorgen mehr Wert legen ließen als auf irgendeinen gemeinsamen revolutionären Versuch, über den sich niemand einig werden konnte. Ah, André Breton sprach in diesem Augenblick wahrlich eine andere Sprache. Einem gewissen inneren, spontanen Absoluten gestand er eine Zerstörungskraft zu, die er dann zum Gegenstand einer materiellen Tätigkeit machte, für die, wie er wohl einsehen mußte, weder er noch die anderen geeignet waren. Ich gehe nicht so weit zu behaupten, daß die im Sinne dieses persönlichen Absoluten erlebte Enttäuschung ihn mit dem Kommunismus vorliebnehmen ließ, aber es ist gewiß, daß das Gesicht des Surrealismus, wenn Breton nicht enttäuscht worden wäre, auf eine ganz relative Art enttäuscht, verändert wäre. Er erkannte in diesem Augenblick die Bedeutung der Abwesenheit, der Isolation. In jedem Falle hätte ein Gerechtigkeitssinn, unter anderem mir gegenüber, weiterbestanden, an dem es ihm später völlig gebrach. Denn ich war der erste, der in dieser stets kränkelnden Gruppe die Wohltat einer gewissen Ohnmacht forderte*. Eine Ohnmacht, die sie sich darauf alle eingestanden haben, und aus der sie eine Art Glaubensartikel gemacht haben. (Siehe *Notwehr*[5].) Im Namen der Ohnmacht, an der ich leide, die mich aus der Wirklichkeit ausschließt, habe ich mich in meine Einsamkeit zurückgezogen. Eine Ohnmacht, die mir selbst ein Absolutes gewesen ist; so wie die Liebe für einige andere ein Absolutes war, so wie die Tat für gewisse Leute ein Absolutes ist. Wer könnte mir meine unbewegliche, äußerlich unbewegliche Haltung vorwerfen, wenn ich unter dem Deckmantel dieses unveränderlichen Abwartens ein Denken be-

---

* Ich betone, daß diese Ohnmacht nur angesichts der unmittelbaren, direkten Wirklichkeit etwas wert ist. Auf der universellen, absoluten Ebene finde ich all meine Kräfte wieder, ich würde sogar sagen: *mein ganzes Blut*. Der geistige Raum ist voller Auswege. Es genügt nicht, ihn zu erreichen und sich in ihm niederzulassen. Was am Surrealismus bemerkenswert ist, ist diese geistige Verengung, an der er leidet, ist seine Preisgabe der Prinzipien all dessen, was nicht völlig wahrnehmbar ist, seine Verachtung der geistigen Regionen des Denkens. Der Wirklichkeit hat er immer mehr abgewonnen. Dabei hat er sich zugrunde gerichtet.

wahre, das handelt? War der Surrealismus ursprünglich nicht eine Rehabilitation des Denkens? Strebte er nicht an, dem Denken eine Wirklichkeit voller Ausdruck und Formen zu verleihen, jenem halb wahrgenommenen Denken, von dem sie sich alsbald abwendeten? Was sind das für Bestien, die sich darin versuchen, uns einzureden, daß einzig die äußere Tat zählt und daß man, um zu handeln, selbst auf revolutionäre Weise, ein Sklave der Tatsachen sein muß? Haben wir es denn zu einer so abscheulichen Verblendung gebracht? Diese Verzweifelten, die in ihrer Furcht, die Geprellten zu sein, sich mit den verfaultesten Fetzen des Lebens vereinen! Die keine andere Tat mehr erwägen wollen als jene, die imstande ist, etwas an der rohen Ordnung der Wirklichkeit zu ändern! Verleihen dem Problem der Revolution seine systematischste Lösung! Und eine Lösung, die, so alt wie die Schöpfung, anderen entlehnt wurde, und die vom wesentlichen Problem nichts löste. Sie geben die Haltung einer ohnmächtigen Verzweiflung auf, die jedoch ihre einzige Stärke war, um sich einem beschränkten Optimismus zu unterwerfen. Einem Optimismus des Verzichts*.

Aber die Revolution ist völlig unbegreiflich, und die, die sie predigen, sind im allgemeinen nicht die, die sie machen. Ja, die Art von Revolution, die der Sur-

---

* Aber bereitete Breton nicht die Vereinigung mit diesem fabrizierten Optimismus vor, als er, um seinen Glauben an eine rein zufällige Wirklichkeit zu motivieren, deren Existenz ihm jedoch notwendig war, ausrief: *Man beginnt zu erkennen, daß Sein oder Nichtsein nicht mehr die Frage ist.* Auf der Grundlosigkeit solcher Behauptungen errichtete er seine jetzige revolutionäre Haltung. Übrigens eine Haltung, die er aufgibt, weil sie ihm nichts gegeben hat.

realismus ursprünglich annahm, ist auf der Ebene des Lebens unvorstellbar. Begreiflich oder nicht, die Revolution ist eine Sache des Geistes, und der angewandte Geist hat niemals etwas darin zu suchen gehabt. Welche Umwälzungen auf dem Gebiet der Dinge sind mit jenen vergleichbar, die das Denken bestimmt hat. Das Absolute einer beliebigen geistigen Haltung ist irgendwelchen realen, aber unsicheren Umwälzungen überlegen. Ich glaube, es ist jetzt dringend notwendig, diesen Standpunkt eines starren Idealismus zu bekräftigen, wenn man nicht will, daß uns der Surrealismus zu einer degenerierten und scheußlichen Form des Realismus führt. Denn dazu führt uns die marxistische Revolution direkt. Der Marxismus ist die letzte verfaulte Frucht der abendländischen Mentalität. Eine empfindliche Verletzung der Unfaßbarkeit des Geistes. Und der Surrealismus selbst, bei seiner Suche nach einer gewissen geistigen Festigkeit, in seiner Gier, irgend etwas zu isolieren, das gleichsam das Ektoplasma des Denkens wäre, ist noch immer eine aufs Geratewohl über den Geist gestülpte materialistische Betrachtung. Alles, was den Geist festlegt, alles, was ihn hemmt, ist ein lebendiger Standpunkt, das heißt, voller Finsternis, für den Tod und die Verwesung bestimmt. Ihre Hartnäckigkeit, sich an das Leben zu wenden, läßt die Surrealisten die Notwendigkeit von beschränkten, wiegbaren Veränderungen verspüren. Die wirkliche geistige Befreiung erfordert die Hilfe der Mystik, von der sie mehr denn je entfernt sind*. Denn ihre Rein-

---

* Wenn wir es alle satt haben, wenn wir zu allem bereit sind, um aus der geistigen Sackgasse herauszukommen, in die wir – teilweise aus

heit ist nur eine vernichtende Lüge. Die, die die Liebe nur in Gestalt des Koitus sehen, die, bei welcher Tat es auch sei, immer nur vom Haß geleitet werden, von einer Art physischen Neigung, schädlich zu sein und das Böse zu tun, die immer nur erreicht haben, sich selbst zu zerstören, sich in ihrem Sein wie in ihrer Tätigkeit zu verneinen, können nicht auf die Reinheit Anspruch erheben, die nötig wäre. Ihre Tätigkeit ist teuflisch. Allein das Böse vermag sie zu

---

eigenem Verschulden – getrieben worden sind, so trägt die bürgerliche Welt nur einen beschränkten Teil der Verantwortung.
Wenn übrigens das Problem universeller Art und von universeller Bedeutung ist, so ist seine Lösung nicht universell. Sie ist persönlich, und um so schwieriger.
Ich erinnere mich eines Gesprächs, das ich mit Breton über die Liebe führte, und in dem er den Akzent auf die Ohnmacht des Surrealismus legte, eine wahre Welt zu erschaffen, oder uns nur mit kapriziösen Erfindungen der höheren Welt in Verbindung zu setzen, aber all das erschien ihm unter einem eindeutigen und äußerlichen Aspekt. Er zog die Möglichkeit in Betracht, sagte er, daß in das Zimmer, in dem wir uns befanden, plötzlich ein Fabeltier eindringen würde, mit dem zu kommunizieren uns völlig unmöglich wäre. In all dem sah ich nur eine erschreckende Gier nach Materie, eine merkwürdige Kinderei des Geistes!
Es ging nicht darum, die Wirklichkeit eines solchen Bildes zu akzeptieren oder zu bestreiten, das für mich übrigens keinerlei Bedeutung hat. Aber man sieht dadurch sehr wohl, daß die Surrealisten niemals diese aktive poetische Schattierung, diese objektive Färbung ihres Geistes beseitigen konnten, eines Geistes, den sie nicht zu einer Metaphysik erheben können, zu der die normale Entwicklung ihres Wunsches nach Erlösung sie hätte führen müssen. Entweder die Surrealisten beschränken sich auf die literarische Ebene, auf der ihre Initiative ergreifende, obgleich beschränkte Wirkungen zeitigen kann: eine ausweglose und regungslose Haltung. Oder sie beweisen, daß ihre Haltung über diesen Banalitäten steht, aber dann ziehen sie sich nur durch die Suche nach einer verlorengegangenen Tradition aus der Affäre, von der ihr Materialismus sie jedoch fernhält. Die Leichtigkeit, mit der sie dem abstoßenden Begriff des historischen Materialismus beipflich-

befriedigen, und sie geben sich ihm skrupellos und mit einem uneingeschränkten Schwung hin, der die Beweggründe ihrer Taten einzigartig erhellt. Seit langem umfaßt der Surrealismus nur noch einen sehr beschränkten Teil jener höheren Wirklichkeit, nach der er anfänglich strebte. Jedenfalls ist keinerlei

---

ten, zeigt, in welchem Maße sie sich von ihrem wirklichen Ziel (das sie nicht einmal vermuten) entfernten. Denn was sie auch einwenden mögen, es geht wirklich um das Innere. Es geht wirklich um die inneren Bedingungen der Seele, die noch immer die erste Stufe einer endgültigen Erlösung sind. Die Freiheit ist angesichts des Geistes nur ein verlorener Punkt. Ihre soziale, gegenwärtige, menschliche Freiheit steht in diametralem Gegensatz zur Freiheit. (Und diesbezüglich bergen die Begriffe das gravierendste Mißverständnis.) Gegen den Strom der Vorurteile, aller Vorurteile, ganz gleich, welcher, schwimmen, ist immer nur eine armselige Errungenschaft.
Diese Leute, die krank sind, wenn man willens ist, ihnen noch vom Geist zu sprechen!!!
Der höhere Revolutionär weiß, daß in dem Kampf, den er führt, der bürgerliche Geist nicht so weit vom proletarischen entfernt ist, und daß beide letzten Endes einander gleich sind. Wenn sie, ich, alle in ihrem Sinne frei wären, würden wir uns noch immer nur einer Karikatur der Freiheit erfreuen. Die wirkliche Freiheit liegt in uns, aber sie ist mit feindlichen Formen verdorben, die zu unterscheiden wir zutiefst unfähig sind. Der Weg zum Selbst ist hart, subtil, kompliziert. Die Zerstörung und die Verfeinerung der Materie sind nur ein Stadium des totalen, sich überschneidenden Sieges zwischen dem Leben und dem Tod. Auf dem Weg, dem wir folgen, ist der kleine Unfall des Todes von entscheidender Bedeutung. In gewisser Weise auch die Liebe, aber auf der entlegensten Seite. Die Surrealisten haben sich immer nur mit flüchtigen, rein zufälligen Ergebnissen zufriedengegeben. Sie haben niemals auf ernsthafte Weise in der doppelten Richtung, auf die ich weiter oben hinweise, gedrängt.
Die ganze Frage besteht jetzt darin, sich auf etwas anderes zu konzentrieren, gewisse Kontakte einzubüßen, andere wiederzufinden. Es geht nicht mehr um den Surrealismus. Man muß das wirkliche Problem von vorn angehen. Das Problem gemäß seinem allerabsolutesten, dringlichsten Aspekt gesondert betrachten.

konzertierte Aktion mehr imstande, jene Wirklichkeit im Innersten des Kopfes, in den Zwischenräumen des Denkens, zu erreichen. Ohne die Vorzüge der kollektiven Suggestion zu unterschätzen, glaube ich, daß die Revolution eine Sache des Individuums ist. Das Unwägbare erfordert eine innere Sammlung, die höchstens im Niemandsland der individuellen Seele anzutreffen ist. Was mich angeht, der jeden gemeinsamen Versuch außer acht läßt, ich vertiefe mich in die Suche nach der Magie, die ich mir in kompromißloser Einsamkeit geschaffen habe.[6]

Antonin Artaud

Der Dialog von 1928

Frage? Antwort. Eine schlichte Arbeit der Angemessenheit, die den ganzen Optimismus der Unterhaltung impliziert. Die Gedanken der beiden Gesprächspartner nehmen getrennt ihren Fortgang. Der augenblickliche Zusammenhang dieser Gedanken beeindruckt sie wegen einer Kongruenz sogar im Widerspruch. Alles in allem sehr ermutigend, und da Sie nichts so sehr lieben, wie zu fragen oder zu antworten, hat der »Köstliche Leichnam« für Sie einige Fragen und Antworten ausführen lassen, deren sorgfältigst unvorhergesehen gestaltete Abhängigkeit ebenso gut garantiert ist. Wir erheben keinen Einwand dagegen, daß besorgte Geister darin nur eine mehr oder weniger spürbare Verbesserung der Spielregeln der »Faltpapiere« sehen.

ANTONIN ARTAUD UND ANDRÉ BRETON

A. Hat der Surrealismus noch immer dieselbe Bedeutung bei der Gestaltung oder der Auflösung unseres Lebens?
B. Das ist Staub, zu dessen Zusammensetzung höchstens Blumen verwendet werden.

*

A. Wie oft glauben Sie noch zu lieben?
B. Das ist ein Soldat in einem Schilderhaus. Dieser Soldat ist allein. Er betrachtet eine Fotografie, die er gerade aus seinem Portemonnaie hervorgezogen hat.

*

A. Hat der Tod in der Zusammensetzung unseres Lebens eine Bedeutung?
B. Es ist Zeit zum Schlafengehen.

*

B. Was ist unsterbliche Liebe?
A. Armut ist keine Schande.

*

A. Nacht oder Abgrund?
B. Schatten.

*

A. Was ekelt Sie in der Liebe am meisten an?
B. Sie, lieber Freund, und ich.

Das toxische Knöchelchen

Ich beschwöre den Zahn der Wesenlosigkeit und nicht wahrnehmbarer Kohabitationen herauf. Hier, Psychiater, rufe ich euch ans Bett dieses aufgeblähten Mannes, der trotzdem noch atmet. Versammelt euch mit euren Taschen voller abscheulicher Lebensmittel um diesen ausgestreckten Körper, der auf euren Sarkasmen liegt. Er ist verloren, er STEHT UNTER DROGEN, sage ich euch, und *das hat er* von eurem Umstoßen der Schranken, euren leeren Phantomen, von eurem Piepsen von Geschundenen. *Davon hat er das.* Tretet doch diesen leeren Körper, diesen durchsichtigen Körper, der sich über das Verbot hinweggesetzt hat, mit Füßen. Er ist TOT. Er hat die Hölle durchmessen, die ihr ihm verspracht, über eine Verflüssigung der Knochen und eine merkwürdige geistige Befreiung hinaus, die für euch die größte Gefahr war. Und nun beherrscht ihn eine Verflechtung der Nerven!

O Medizin, hier ist der Mann, der die Gefahr BE-
RÜHRT hat. Du hast gewonnen, Psychiatrie, du hast
GEWONNEN, und er ragt über dich hinaus. Der
Ameisenhaufen des Traums reizt seine Glieder im
Schlaf. Eine Ansammlung gegnerischer Kräfte, auf-
gerichtet in ihm wie schroffe Mauern, beruhigt ihn.
Der Himmel stürzt mit Getöse ein. Was fühlt er? Er
hat das Gefühl seiner selbst hinter sich gelassen. Er
entkommt dir durch tausend und abertausend Öff-
nungen. Du glaubst ihn festzuhalten, und er ist frei.
Er gehört dir nicht.
Er gehört dir nicht, BENENNUNG. Worauf zielt deine bösartige Empfindsamkeit ab? Ihn seiner Mutter
zu übergeben, aus ihm das Rohr, die Gosse der
kleinstmöglichen geistigen Gemeinde, des kleinsten
bewußten gemeinsamen Nenners zu machen?
Sei beruhigt, ER IST BEWUSST.
Aber er ist der Allergrößte Bewußte.
Aber er ist das Postament eines Atems, der deinen
Schädel eines bösartigen Geistesschwachen beugt,
denn er hat wenigstens die Geistesschwäche umge-
stoßen. Und jetzt bläst deutlich, bewußt, klar, universell die Geistesschwäche auf dein Schloß schäbigen
Wahnsinns, sie zeigt auf dich: klein wie du bist,
ängstlich zitternd und vor dem All-Leben zurückwei-
chend.
Denn mit Gliedern schweben, die hochtrabende
Worte gebrauchen, mit dicken Flossenhänden
schweben, ein der Furcht entsprechend aufgehelltes
Herz haben, die Ewigkeit eines Insektengebrumms
auf dem Parkett wahrnehmen, die tausendundeins
feinen Stiche der nächtlichen Einsamkeit ahnen, die
Entschuldigung, verlassen zu sein, gegen die Wände

unablässig einen Kopf stoßen, der sich halb öffnet und tränenüberströmt zerspringt, auf einem bebenden Tisch ein unbrauchbares und ganz entstelltes Geschlechtsteil ausstrecken,
schließlich *hervorspringen, hervorspringen* mit dem grauenerregendsten aller Köpfe angesichts der tausend plötzlichen Auflösungen einer unstabilen Existenz, auf der einen Seite die Existenz entleeren und auf der anderen die Leere mit einer kristallklaren Freiheit zurückgewinnen,
am Grunde dieses toxischen Verbalismus liegt der schwebende Spasmus eines freien Körpers, der seine Ursprünge zurückgewinnt, da die Mauer des Todes dünn war, kurz abgeschnitten und umgeworfen. Denn so geht der Tod vor, mit dem Garn einer Angst, das der Körper unvermeidbar durchschreiten muß. Die kochende Mauer der Angst fordert zunächst eine furchtbare Verengung der Organe heraus, eine ursprüngliche Preisgabe der Organe, wie sie die Verzweiflung eines Kindes ersinnen kann. Bei diesem Stelldichein von Verwandten steigt im Traum die Erinnerung auf – Gesichter von vergessenen Vorfahren. Ein ganzes Stelldichein von menschlichen Rassen, denen der und der angehört. Eine erste Erklärung der toxischen Wut.
Da ist der merkwürdige Glanz der Rauschgifte, der den düster-familiären Raum vernichtet.
Im Herzklopfen der einsamen Nacht gibt es diesen Ameisenlärm, den die Entdeckungen, die Enthüllungen, die Erscheinungen machen, gibt es diese großen gestrandeten Körper, die wieder Wind und Flügel bekommen, gibt es das immense Zucken des Überlebens. Zu dieser Vorladung von Leichen

kommt das Betäubungsmittel mit seinem Eitergesicht. Uralte Vorbereitungen beginnen. Zuerst hat der Tod die Gestalt der Trauer. Tiefste Verzweiflung verleiht so vielen Träumen, die nur wach zu werden verlangen, die Färbung. Was sagen Sie dazu? Werden Sie die Auswirkung dieser Königreiche in Abrede stellen, mit denen ich gerade erst beginne!

Briefe

AN MADAME TOULOUSE

[Oktober 1924]

Ich hätte Ihnen schon lange schreiben sollen, aber meine Gesundheit schwankt in diesem Moment trotz der Spritzen ziemlich, und ich habe keine große Lust, wirklich zu schreiben. Surcouf wird bald beendet sein, und zwar ohne große Ermattung. Insgesamt werde ich einen Monat und ein paar Tage gedreht haben. Nach den paar bereits vorgeführten Szenen, die ich aber nicht gesehen habe, behauptet man, daß ich eine Sensation sein werde. Gestern begegnete ich zufällig im Œuvre, wo ich einen Freund besuchte, Suzanne Desprès, die mich wie Johannes den Täufer am Jordan empfing. Die Zuneigung, die Lugné-Poe und sie mir entgegenbringen, ja sogar die Bewunderung, *behauptet sie*, hat etwas Verblüffendes. Das ist wirklich eine große Künstlerin, die alle ihre Rollen fast im Geistigen spielt.

Ich habe alle Dadaisten kennengelernt, die mich gern in ihr neuestes Surrealistisches Schiff aufnehmen möchten, aber nichts zu machen. Dafür bin ich zu sehr Surrealist. Ich bin es übrigens immer gewesen, und *ich* weiß, was Surrealismus ist. Es ist das System der Welt und des Denkens, das ich mir seit jeher geschaffen habe. Das will ich mir gut merken. Alle meine besten Gefühle

Artaud

AN DIE *DISQUE VERT*

[Dezember 1924]

Sehr geehrter Herr,

ich habe schon auf die Umfrage von Herrn Breton geantwortet, aber ich wüßte nicht, was ich lieber täte, als meinen Standpunkt zu erweitern und zu entwickeln. Geben Sie mir nur ein oder zwei Wochen, um mich erneut zu fassen und zu sammeln. Seit zwei oder drei Tagen habe ich mich etwas verloren, und ich brauche eine gewisse Zeit, um in mich zu gehen. Hochachtungsvoll

Antonin Artaud

AN ANDRÉ BRETON, LOUIS ARAGON UND PIERRE NAVILLE

[Marseille, 4. Februar 1925]

Liebe Freunde,

ich glaube, die beste Voraussetzung dafür, daß unsere Bewegung eine Organisation hat, die ihren Zielen entspricht, besteht NATÜRLICH!! und zuallererst darin, daß jeder von uns Aufgabenbereiche und eine genau festgelegte Funktion hat. Das Arbeitsaufteilungskomitee ist eigens mit dem Ziel gegründet worden, jedem von uns ein Minimum an *tatsächlicher* Arbeit zuzuweisen. Was den mir eigenen Teil angeht, so bin ich fest *entschlossen*, meinen Funktionen eine gewisse Wirklichkeit zu verleihen, aber es ist nötig, daß die gefaßten Beschlüsse
Gestalt annehmen!

1. Ich hoffe, daß der Brief an Herriot abgegangen ist.
2. Außerdem muß jeder von uns an der Abfassung der Briefe und Botschaften mitarbeiten, die abzuschicken man beschlossen hat. Ich lasse die zwei oder drei Botschaften beiseite, die ich übernommen habe, aber hier sind die Personen, die ich für die Abfassung aller anderen Briefe und Botschaften vorschlage:
Brief an die gesamte Kritik: André Breton und Louis Aragon.
Brief an die Chefärzte der Irrenanstalten: Robert Desnos und Doktor Fraenkel.
Brief an das Unterrichtsministerium: Pierre Naville und Benjamin Péret.
Brief an die Rektoren aller europäischen Universitäten: Michel Leiris und André Masson.
Brief an die Großmeister aller asiatischen und afrikanischen Universitäten: Paul Éluard und René Crevel.
Brief an den Intendanten der Comédie-Française: Francis Gérard und Mathias Lübeck.
Natürlich gibt es viel über diese Aufteilung zu sagen, aber bedenkt, daß wir in Wirklichkeit die Möglichkeiten jedes einzelnen ziemlich schlecht kennen, und außerdem muß *jedermann* arbeiten. Man muß jedem *beinahe* zufällig eine nicht genauer bestimmte Beschäftigung geben, um, wer weiß, vielleicht eine ihm unbekannte Fähigkeit zu wecken. Diese verschiedenen Arbeiten müssen ernst genommen und ganz ehrlich verwirklicht werden.
Ich denke gerade an einen
Brief an die Welt
und an einen
Brief an den Völkerbund[1]

alle beide ziemlich kurz. So wird es keinen wichtigen Punkt der geistigen und der körperlichen Welt geben, den [wir] nicht getroffen hätten.

Aber denkt etwas mehr an die Quäker, die Mormonen, die Malthusianer und an Patagonien.

Beste Grüße

Antonin Artaud

RUNDBRIEF

Paris, 3. März 1925

Lieber Freund,

um zu einer schnellstmöglichen Ausführung der laufenden Arbeiten zu gelangen, sehe ich mich gezwungen, von Ihnen eine tatsächliche Anwesenheit von zwei Stunden pro Woche im Büro für surrealistische Forschungen zu verlangen. Sie sind eingetragen für den   von 4h½ bis 6h½.

Außerdem möchte ich Sie bitten, mir ein für allemal Ihre Zustimmung zu allen Maßnahmen zu geben, die über die geistige Tätigkeit des Büros entscheiden, und zwar in einem an mich gerichteten Brief, in dem Sie mich bitte ausdrücklich ermächtigen wollen, im Namen des Büros über Ihre Unterschrift zu verfügen. Schließlich halte ich es für unerläßlich, daß jeder von uns sein Festhalten an den surrealistischen Ideen auf andere Weise als in Gesprächen, die keinerlei feste Spur hinterlassen, kundtut. Es ist mein Ziel, wirkliche Archive von allen möglichen surrealistischen Ideen anzulegen, aus denen man, im Hinblick auf jede künftige Nummer der Zeitschrift oder irgendei-

ner geschriebenen oder tätigen Kundgebung, die wir für richtig halten, schöpfen könnte. Ich verlange konsequent von jedem von uns, daß er über jede Frage, die von der ganzen Gruppe aufgeworfen wird oder im Begriff ist, in der Zeitschrift behandelt zu werden, einen Zettel bezüglich der Ideen schreibt, die ihm zu dieser Frage gekommen sind. Michel Leiris ist mit der Entgegennahme und der Einordnung aller Zettel beauftragt. Als erste zu behandelnde Frage wurde ins Auge gefaßt, gegen alle restriktiven Tendenzen des amerikanischen Geistes den Prozeß zu eröffnen.
Ich bitte Sie, mindestens zweimal wöchentlich bei der Zentrale vorbeizukommen (zusätzlich zu Ihren Bereitschaftsdienst-Stunden), um sich über das Beschlossene zu informieren.
Mit meinen besten Grüßen

AN PIERRE NAVILLE

[Paris, gegen den 2. April 1925]

Lieber Freund,

der Absatz der die surrealistischen Sorgen betrifft, die weniger direkt in unserem Geist spürbar seien als ein gewisser Zustand der Wut, kann so nicht abgefaßt bleiben: der Ausdruck ist recht unklar und mißglückt. Man müßte sagen »daß ihnen vor jeder Idee des Surrealismus oder der Revolution in ihrem Geist ein gewisser Zustand der Wut als direkter spürbar erscheint«.
Oder noch (und vielleicht besser):
»daß vor jeder surrealistischen oder revolutionären

Sorge in ihrem Geist eine gewisse Art von Wut vorherrscht«.

Man kann Idee Zustand oder Sorge gegenüberstellen, nicht aber Sorge Zustand.

Sie wären sehr liebenswürdig, entsprechend einer der beiden Versionen, die ich Ihnen angebe, nach Ihrer Wahl zu modifizieren, aber die zweite scheint mir DEN VORZUG ZU VERDIENEN.

Herzliche Grüße

Artaud

AN MAX MORISE

Marseille, 16. April 1925

Lieber Freund,

ich danke Ihnen, daß Sie mir auf eine so ausführliche und klare Weise schreiben, aber mir liegt daran, wieder einmal Ihre Aufmerksamkeit auf die Tatsache zu lenken, daß die Revolutionsfrage schon gelöst war, als ich in Ihrer Mitte eintraf. Ich habe niemals begriffen, daß der Surrealismus sich um die Wirklichkeit kümmern könnte: Orientfrage, Judenfrage, Los der Intellektuellen, Abtreibung, Opium, all das schien sich mir immer sehr von den inneren, unaussprechlichen Zielen, die vor der Seele liegen, die über dem Geist stehen, zu entfernen, die mir den Ausgangspunkt des Surrealismus zu bilden scheinen. Deshalb sprach ich, während ich mitten in diesen widersprüchlichen – und widersprüchlich sogar in seiner Bedeutung – Aufruhr geriet, das Wort GEIST aus, und daran halte ich mich.

Ich kann Ihnen nur einmal mehr wiederholen, daß das Wort Revolution bei mir nichts Fleischliches, nichts Versteinertes, das es zu zerstören gälte, heraufbeschwört, und ich glaube nicht, daß wir uns um das Leben zu kümmern haben; aber wo ich mich deutlich von Ihnen trenne, ist, wenn es zu bestimmen gilt, welches die gegenwärtige Gestalt unserer Tätigkeit sein und welche Bedeutung sie annehmen soll.
Ich denke, daß wir gegenwärtig und in erster Linie Aufständische sind. Es steht fest, daß unser Geist gebunden ist. Wir können höchstens vorankommen, indem wir uns sträuben. Unser Geist ist mit Gewohnheiten besät, er erstickt vor Manien, die klarsten Gänge sind immer noch Wege, die noch einmal gemacht werden müssen, Pfade, die man nur auf Umwegen einschlagen kann. Wir müssen an unseren geheimsten, feinsten Eingebungen zweifeln. Wir können über die gefährlichsten Wege träumen, aber wir müssen im gleichen Augenblick einfach kämpfen. Wir müssen Schaden um uns herum anrichten, wir müssen Überreste zerstören. Wir sind noch völlig mumifiziert, und zwar Fiber für Fiber, wir wissen nicht einmal, was uns am meisten stört. Und wenn wir nicht zu einem verschwörerischen Zweck vereint sind, warum dann, frage ich Sie, sind wir vereint? Ich für meinen Teil sehe kein anderes unmittelbares Ziel, keine andere *aktive* Bedeutung, die man unserer Tätigkeit geben kann, als eine revolutionäre, aber revolutionär im Chaos des Geistes, versteht sich, andernfalls trennen wir uns!
Unser einziger Fehler ist, daß wir uns wie Kinder verschwören und den wirklichen Charakter unserer Kräfte verkennen. Dieser besondere Geist, den Sie

suchen, liegt für mich im hinterlistigen, ungewöhnlichen Charakter unseres Ziels.

Ich sehe sehr wohl alle Dinge der Wirklichkeit gemäß einer revolutionären Ordnung wiederaufgenommen und rekristallisiert, einer Ordnung, die ihre Bedeutung einzig den Anstrengungen des Unbewußten verdankte. Ich sehe alle Vorgänge des Geistes durch diesen höchsten Appell zersetzt, alle Aspekte des Denkens, alle Formen der Seele durch diesen unterirdischen Strom wiedervereint und wiederbelebt, und nicht nur diese Parade poetischer, ausschließlich poetischer Bilder, die mit Sternen bedecken, was man surrealistische Texte zu nennen übereingekommen ist[1]. Wir sind keine Dichter, andernfalls interessiert mich der Surrealismus nicht mehr. Wir müssen auf keinen der Vorgänge des Geistes verzichten, wenn man sie nur auf einer anderen Ebene wiederaufnimmt und ihnen das Unbewußte und die Unvernunft als Grundlage gibt.

Mein kranker Geist untersagt mir diese unterirdischen, innergeistlichen, innerräumlichen Streifzüge, ich befinde mich ständig am Rande eines kleinen Nichts, bin auf einen einzigen Punkt begrenzt; aber andere haben einen völlig bewaffneten Geist, sie mögen losziehen, Leiris zeigt ihnen den Weg.

Beste Grüße

Artaud

AN PIERRE NAVILLE

Marseille, 20. April 1925

Lieber Freund,

ich danke Ihnen für die Nummern der R.S., die gut bei mir angekommen sind. Ich bin jedoch erstaunt, daß Sie es nicht für nötig erachteten, auf die zwischen uns vereinbarte Weise die stattgefundenen Veränderungen hinsichtlich der Arbeitsweise des Forschungsbüros und der Direktiven der surrealistischen Bewegung im allgemeinen, kundzutun. Außerdem sollten Sie ab dieser Nummer den Klub der Spermatrinker von Desnos und Der Film und das Wunderbare von mir ankündigen. Das sind in meinen Augen keine unbedeutenden Details. Sie betrachten mich vielleicht als eine pedantische Nervensäge, aber ich meine, daß man mit Details von dieser Bedeutung das Gesicht einer ganzen Nummer verändern kann, und es ist nicht unwichtig, das Denken, das sie belebt, herauszustellen.
Meine besten Grüße

Antonin Artaud

AN *CLARTÉ*

Antwort auf die Frage:

Was halten Sie vom Marokko-Krieg?

Der Krieg, der von Marokko oder ein anderer, scheint mir vor allem eine Frage des Fleisches zu sein. Woran ich auch denke, ich komme stets auf das

Arbeiten meiner Glieder zurück, und im Grunde kenne ich nichts anderes als das Empfindungsvermögen meines Fleisches. Ich ertrage es nicht, daß wer auch immer über dieses Quentchen Empfindungsvermögen, als das ich mich empfinde, zu Verstümmelungszwecken verfügt. Ich weiß überhaupt nichts von der Freiheit, ich bemühe mich nicht, meinen Geist arbeiten zu lassen; für mich beschränkt sich die ganze Frage der Freiheit auf eine panische Furcht vor Massakern, die von allen Seiten auf mich zukämen. Ich bin nichts anderes als ein Feigling, aber ich frage mich, im Namen welchen Prinzips, das imstande wäre, das Gefühl, das ich von meinem Fleisch haben kann, zu übertreffen, man mir einen scheußlichen und letzten Endes unnützen Mut aufzwänge, einen Mut, der nur einem gewissen Gefühl von Vorteil wäre, das andere haben könnten, beispielsweise von der Tugend oder der Ehre.

Antonin Artaud

AN ANDRÉ BRETON

[Ende Oktober 1925]

Lieber Freund,

ein furchtbares Drama erschüttert mein Leben. Entschuldigen Sie, *aber es gibt Blut*. Deshalb verlangen Sie nichts von mir, versuchen Sie nicht einmal, mich zur Zeit zu sehen, und akzeptieren Sie bitte meinen Rücktritt als Mitglied des Revolutionären Aktionskomitees[1]. Ach, ich kann wirklich nicht mehr. Ich bin eine ratlose Seele. Ich flehe Sie an, zur Zeit keinen

Versuch zu machen, mich an etwas anderes denken zu lassen als an das, was mich erschüttert. Ich flehe Sie an, nicht zu begehen, was ich gezwungen wäre, als eine Vergewaltigung zu betrachten. Ihr völlig verzweifelter

Antonin Artaud

AN JEAN PAULHAN

[Gegen Mai 1926]

Lieber Freund,

was die Surrealisten am meisten an den Bedingungen abstößt, die Sie ihnen entgegenstellen, ist die Tatsache, daß Sie das Recht haben, die unterbreiteten Manuskripte ganz oder teilweise abzulehnen. Sie sind der Ansicht, daß man ihnen, wenn der Grundsatz ihrer Mitarbeit erst einmal anerkannt wurde, freie Hand lassen muß. Um die Dinge zu vereinfachen und damit man mir nicht vorwerfen kann, Ihre wirklichen Absichten falsch wiederzugeben, habe ich außerdem Breton Ihren Brief übermittelt. Ich entlasse mich so aus meiner Verantwortung und glaube außerdem nicht, daß Sie es mir übelnehmen können. Er kennt Ihre Gefühle ihm gegenüber gut genug. Sie kennen die seinen. Es erschien mir sinnlos, Verstekken zu spielen, und es scheint mir so, daß das für Sie letzten Endes keine Bedeutung haben muß.
Ich bin Ihr

Antonin Artaud

AN JEAN PAULHAN

[Gegen Mai 1926]

Mit den Surrealisten kann man nicht mehr rechnen. Ich habe es Ihnen in einem Brief geschrieben, den Sie unbedingt erhalten haben müssen. Sie werden niemals eine Kontrolle über ihre Texte akzeptieren. Sie sind der Ansicht, daß Sie von dem Augenblick an, da Sie ihre Mitarbeit erbeten, akzeptieren müssen, was sie Ihnen geben werden. Sie müssen ihnen, meinen sie, restlos und a priori, grundsätzlich vertrauen. Der Brief, den Sie mir geschrieben haben, hat Breton übrigens gänzlich wütend gemacht. Er findet übrigens den Vorschlag außerordentlich lächerlich, in einer Zeitschrift neben diesem Thibaudet der Kommentare, einem Roman von irgendeinem Lacretelle und überzähligen Rezensionen der einen und der anderen zu erscheinen. Ich habe ihm Ihre Vorschläge *fair* unterbreitet, und ich leite Ihnen seine Antwort weiter, ohne etwas zu verschweigen. Ebenso wie ich nicht glaubte, daß Grund bestünde, ihm Ihren Brief zu verheimlichen. Wozu. Und für mich hat all das keine Bedeutung, sogar keine Konsequenzen. Was mich angeht, ich tue nichts mehr, ich will nichts mehr tun. Mir liegt nichts mehr daran, irgend etwas zu veröffentlichen. Ich wäre Ihnen also sehr dankbar, wenn Sie mir die Texte zurückschicken könnten, die Sie von mir haben. Den Brief an die Hellseherin und die anderen. Ich empfinde [so viel] Bitternis, daß es so aussieht, als ob ich falsch existiere.
Ich bin Ihr

                              Antonin Artaud

AN JEAN PAULHAN

Paris, 11. Oktober 1926

Jean Paulhan,

ich weiß sehr wohl, daß ich bei dem Mißverständnis, das uns trennt, nicht gut dastehe; mir scheint, daß Sie mir viel mehr vorzuwerfen haben als ich Ihnen – unter anderem meine Undankbarkeit und meine Grobheit. Na gut, diese Meinungsverschiedenheit bedrückt mich, ich gebe es zu. Es mißfällt mir, daß es so scheint, als ob ich auf allen erwiesenen Gefälligkeiten herumtrample, schließlich hat mir Ihre Sympathie wohlgetan. Ich werfe Ihnen nur eines vor, nämlich daß Sie sich über eine Entscheidung aufgeregt haben, die zu treffen die Umstände mich zwangen, und sogar jetzt könnte ich nicht anders handeln. Aber war es nötig, Jean Paulhan, weil ich Ihnen *vorübergehend* meine Manuskripte weggenommen habe, zu schreiben, daß Sie nichts mehr mit diesem Herrn gemein haben wollten, diesem Herrn, der kein anderer ist als ich. Legen Sie Wert darauf, bei Ihrer Haltung zu bleiben, oder wollen Sie zusagen zu vergessen, was uns soeben getrennt hat. Vergessen Sie, Jean Paulhan, wie ich mich vergesse, und seien Sie überzeugt, daß ich mit Breton keine gemeinsamen Interessen habe. Ich liebe zu sehr meine Unabhängigkeit, und schließlich bin ich mit ihm nicht immer einer Meinung. Ich werfe ihm das schlimmste und gründlichste Unverständnis mir gegenüber vor.

Antonin Artaud

AN ROLAND TUAL

[Anfang 1927?]

Ich sage Ihnen nicht, daß ich erstaunt bin, daß Sie unsere Verabredung abgesagt haben, und vor allem nicht, daß Sie sich nicht einmal die Mühe gemacht haben, mir irgendeine Erklärung zu geben. Ich hatte einzig deshalb zugesagt, Sie wiederzusehen, um Ihnen zu beweisen, daß ich für Sie die gleichen freundschaftlichen Gefühle hege. Es steht Ihnen jetzt frei zu glauben, daß sich irgend etwas geändert hat. Ich für meinen Teil brauche niemanden.

Artaud

AN JEAN PAULHAN

[Paris,] 8. März 1927

Mein lieber Freund,

ich schicke Ihnen eine Anmerkung, die dem Papier hinzuzufügen ist, das ich Ihnen durch Robert Aron aushändigen ließ. Ich hoffe sehr, daß Ihnen dieses Papier gefällt. Was mich betrifft, so messe ich ihm eine ziemlich große Bedeutung bei. Es ist schon lange her, daß ich das schreiben wollte.[1]
Dieses Papier muß um jeden Preis erscheinen. Mir liegt darin an einer gewissen Anzahl von Dingen, und ich wäre bereit, alles übrige zu opfern, alle Änderungen zu akzeptieren, die Sie mir vorschlagen, damit diese Dinge erscheinen. Ich glaube, es ist nicht nur für mich, sondern für viele Leute wichtig, daß ein solcher Artikel erscheint. Wir brauchen eine Erlösung.

Ich komme morgen abend, Mittwoch, bei der Zeitschrift vorbei.

Sehr herzlich Ihr Antonin Artaud

AN PIERRE NAVILLE

[Oktober 1927]

Naville,

ich stigmatisiere Sie nicht, ich bitte Sie nur, die Schnauze zu halten und aufzuhören, uns mit Ihren akademischen Lügenmärchen auf den Wecker zu fallen.

Der Wunsch! Daran klammern Sie sich also, das erscheint Ihnen also als die *brauchbare* Triebfeder von etwas, dafür prostituieren Sie sich, Sie Zuhälter! Es ist noch nicht lange her, daß Sie, *Naville*, für alle Surrealisten ein Anlaß zur Verachtung waren, wo man sagte: Naville – der Dingsda! Ich erinnere mich sehr gut, daß ich mich nie an dieser Verachtung beteiligt habe. Deshalb verleiden mir die Schmähungen, in denen Sie sich zur Zeit gegen mich ergehen, nur etwas mehr Ihre Sippschaft.

Artaud

AN ROLAND TUAL

[Paris,] 28. Oktober 1927

Mein lieber Tual,

wenn Sie mich als ein moralisch korruptes, entehrtes Individuum betrachten, dem man nie mehr aus der

Patsche helfen kann, dann ist offenbar nichts zu machen, und Sie brauchen diesen Brief bloß als nichtig zu betrachten; wenn ich aber in Ihrem Geist nicht unverzeihlich verurteilt bin, wenn noch Platz ist für eine Rechtfertigung meinerseits (denn vor Ihnen möchte ich mich noch rechtfertigen), so liegt mir daran, Ihnen zu sagen, mein lieber Tual, daß ich den Brief bedaure, den ich ihretwegen an Masson richtete, und daß er einzig einer Anwandlung von Verärgerung, die dennoch sehr gut begreiflich ist, und dem Kummer zuzuschreiben ist, den mir die Tatsache bereitete, mich selbst von Ihnen im Stich gelassen zu sehen, der ich Sie nie auch nur im geringsten verletzt und stets mit meiner tätigsten und beharrlichsten Freundschaft umgeben habe. Was auch geschehen konnte: ich habe Ihnen, mein lieber Tual, ständig eine Freundschaft bewahrt, die für mich über irgendwelchen Banalitäten stand, denn sie beruhte auf unserer gegenseitigen Sympathie im Kummer und im Schmerz, was für mich weitaus forderndere und schwerwiegendere Gegebenheiten sind als diese oder jene politischen Wechselfälle, diese oder jene Vorlieben oder Abneigungen bezüglich der Dinge des Intellekts, die weit unter denen des Herzens stehen. Beharren Sie auf einem grundlosen Haß oder willigen Sie ein, meinem mehr denn je verzweifelten Aufruf zu antworten.
Ihr Freund
        Antonin Artaud

PS. Sie können mir unter anderem nur verübeln, daß ich in VERDUN drehe, der kein patriotischer Film ist, der zur Verherrlichung der gemeinsten staatsbürgerlichen Tugenden geschaffen wurde, sondern ein linksorientierter Film, der zusammengestellt wurde, um »*den bewußten und organisierten Massen Abscheu vor dem Krieg einzuflößen*«.*

Und außerdem: glauben Sie, daß all das einen Sinn hat. Für mich hat nichts mehr Sinn. Die menschlichen Gesten zählen nicht mehr. So tief ich mich auch erniedrige, mein Geist ist anderswo, meine Seele anderswo. – Ich finde mich nicht mehr mit dem Dasein ab. Ich verachte das Gute noch mehr als das Böse. Das Heldentum kotzt mich an, die Moral kotzt mich an.

Nichts will mehr etwas heißen, das zählt nicht mehr.

---

* *Am Rand hinzugefügt:* Und dann drehe ich, wo ich kann. Wenn man mir Arbeit anbietet (und das war der Fall), akzeptiere ich.
Ich bin allein.

Anhang

Auszüge aus dem Bereitschaftsdienst-Tagebuch des Büros für surrealistische Forschungen

Der Surrealismus ist ein Baden im Geist, wie das jeder beliebigen Tätigkeit, die aber an unendlich wertvollere und seltenere Gegenstände rührt.

*

Freitag, 27. Februar

Ab heute wird das Bereitschaftsdienst-Tagebuch wieder *peinlich genau* auf dem laufenden gehalten. Die Reihe des Bereitschaftsdienstes wird von allen an den ursprünglich festgesetzten Tagen weitergeführt. Der Bereitschaftsdienst wird eine Kontinuität *tatsächlicher* Arbeit, und speziell der *Erledigung* der Arbeiten.

Artaud

*

Donnerstag, 5. März

Das Bereitschaftsdienst-Tagebuch ist zwei Tage lang

vernachlässigt worden!!!!!!! Ich belasse es für heute bei diesen paar Ausrufezeichen.

Ich schlage das Verschwinden der Rubrik Surrealistische Texte vor, von jedem Text, der surrealistisch wirkt und im geringsten an das Leben rührt. Ich bin der Ansicht, daß der Surrealismus für uns das Leben *ist*, und daß man keine Diversifikation zwischen dem einführen muß, was im Surrealismus reine Spekulation des Geistes ist und dem, was sich als eine Wieder-Einsetzung des Lebens auf surrealistischer Ebene ausgibt. Wir müssen uns, wir zuerst, an diese Verwirrung gewöhnen, und mit all unseren Kräften nach der Herstellung dieser Verwirrung trachten.

*

Donnerstag [19. März]

Dieses Tagebuch ist weder Dienstag noch Mittwoch geführt worden.[1] Man müßte wissen, ob wir darauf Wert legen oder nicht, irgend etwas fortzusetzen, was einer Tätigkeit beliebiger Art ähnelt.

Außerdem müssen wir von der Idee überzeugt sein, daß der Surrealismus sich nicht auf ein Streben nach exemplarischen oder wunderbaren Tatsachen beschränken kann, sondern daß er vor allem eine *Geisteshaltung* ist, die es zu *erhellen* und wirksam zu machen gilt und, wenn ich so sagen darf, objektiv und materialisierbar. Und ich bitte Sie zu begreifen, daß es in dieser Richtung [zu] arbeiten gilt, daß wir in dieser Richtung unsere Forschungen vorantreiben müssen. Ich habe schon einige Wege vorgeschlagen. Solange man sich nicht entschließt, ihnen zu folgen

oder andere aufzuzeigen, darf man sich nicht über
den toten Charakter unserer Tätigkeit beklagen.
Artaud

*

Montag, 23. [März]

*Artaud verlangt, daß jeder sich bemüht, aus seinen
Träumen alles zu isolieren und zu notieren, was in
ihnen einem System unterworfen zu sein scheint, das
ganze unbewußte Systematische des Traums.
Besuch von Artaud, Tual, Crevel.*
Louis Aragon

und auch das, was sich als irgendeine Systematisierung einer durch den Traum betrachteten Wirklichkeit darstellt, jedes wahre oder falsche System, das jedoch einer gewissen Logik des Unbewußten oder des Traums gehorcht.

Kurz, ein bereits sichtbar gewordenes und vollständiges System notieren, das auf ungewöhnlichen Wegen ans Tageslicht gebracht würde.

Zwei interne Dokumente

Die unterzeichneten Mitglieder der *Révolution Surréaliste*, die am 2. April 1925 in der Absicht zusammengekommen sind, zu beschließen, ob das surrealistische oder das revolutionäre Prinzip am besten geeignet wäre, ihr Vorgehen zu leiten, sind sich, ohne über das Thema zu einer Übereinstimmung zu gelangen, über folgende Punkte einig geworden:

1. Daß vor jeder surrealistischen oder revolutionären Sorge in ihrem Geist ein gewisser Zustand der Wut vorherrscht;

2. Sie glauben, daß sie auf dem Wege dieses Zorns am besten imstande sind, zu erreichen, was man surrealistische Erleuchtung nennen könnte...;

4. Vorläufig nehmen sie einen einzigen positiven Punkt wahr, von dem sie meinen, daß ihm alle anderen Mitglieder der *Révolution Surréaliste* beipflichten sollten: nämlich daß der Geist ein wesentlich irredu-

zibles Prinzip ist, und der weder im Leben noch außerhalb davon seinen Wohnsitz finden kann.
Antonin Artaud, J.-A. Boiffard,
Michel Leiris, André Masson,
Pierre Naville

*

Der Beitritt zu irgendeiner revolutionären Bewegung setzt einen Glauben an ihre Fähigkeit voraus, eine Wirklichkeit zu werden.[1]
Die unmittelbare Wirklichkeit der surrealistischen Revolution liegt nicht so sehr darin, irgend etwas an der physischen und sichtbaren Ordnung der Dinge zu ändern, als in den Köpfen eine Veränderung herbeizuführen. Die Idee irgendeiner surrealistischen Revolution zielt auf die innerste Substanz und die Ordnung des Denkens... Sie ist vor allem darauf gerichtet, eine Mystik neuer Art ins Leben zu rufen...
Jeder wirkliche Adept der surrealistischen Revolution ist gehalten zu begreifen, daß die surrealistische Bewegung keine Bewegung im Abstrakten ist, besonders nicht in einem gewissen poetischen, im höchsten Grade hassenswerten Abstrakten, sondern wirklich imstande ist, in den Köpfen etwas zu verändern.

Brief an die Chefärzte
der Irrenanstalten

Meine Herren,

die Gesetze, die Gewohnheit gestehen euch das Recht zu, den Geist zu beurteilen. Diese furchtbare, höchste Gerichtsbarkeit übt ihr mit eurem Verstand aus. Laßt uns lachen. Die Leichtgläubigkeit der zivilisierten Völker, der Gelehrten, der Regierenden schreibt der Psychiatrie wer weiß welche übernatürlichen Kenntnisse zu. Der Prozeß über euren Beruf ist im voraus entschieden. Wir gedenken hier nicht, über den Wert eurer Wissenschaft, noch über die zweifelhafte Existenz der Geisteskrankheiten zu diskutieren. Aber für hundert anmaßende Pathogenesen, in denen sich die Verwirrung der Materie und des Geistes entfesselt, für hundert Klassifizierungen, von denen die unbestimmtesten noch immer die einzig brauchbaren sind, bedarf es wieviel edler Versuche, um sich der geistigen Welt, in der so viele eurer Gefangenen leben, zu nähern? Wie viele seid ihr denn, zum Beispiel, für die der Traum des Hebephre-

nen, die Bilder, deren Opfer er ist, etwas anderes als Wortsalat sind?
Wir sind nicht überrascht, euch eurer Aufgabe nicht gewachsen zu sehen, für die es nur wenige Auserwählte gibt. Aber wir protestieren gegen das Recht, das Menschen, ob beschränkt oder nicht, eingeräumt wurde, ihre Forschungen auf dem Gebiet des Geistes durch dauernde Einkerkerung zu sanktionieren.
Und welche Einkerkerung! Man weiß – man weiß nicht genug –, daß die Anstalten, weit davon entfernt, *Anstalten* zu sein, furchtbare Kerker sind, in denen die Eingesperrten kostenlose praktische Arbeit leisten, in denen die Mißhandlungen die Regel sind, und das wird von euch geduldet. Die Irrenanstalt ist, unter dem Deckmantel der Wissenschaft und der Gerechtigkeit, der Kaserne, dem Gefängnis, dem Bagno vergleichbar.
Wir werfen hier nicht die Frage der willkürlichen Internierungen auf, um euch die Mühe des leichten Leugnens zu ersparen. Wir behaupten, daß eine große Zahl eurer Insassen, auch jene, die nach der offiziellen Definition vollständig verrückt sind, willkürlich interniert wurden. Wir lassen nicht zu, daß man die freie Entwicklung eines Wahnsinns hemmt, die ebenso legitim, ebenso logisch ist wie jede andere Aufeinanderfolge menschlicher Ideen oder Handlungen. Die Unterdrückung der antisozialen Reaktionen ist ebenso schimärisch wie sie unannehmbar ist in ihrem Prinzip. Alle individuellen Handlungen sind antisozial. Die Irren sind die individuellen Opfer par excellence der sozialen Diktatur; im Namen dieser Individualität, die das dem Menschen Eigentümliche ist, fordern wir, daß man diese Sträflinge der

Empfindsamkeit freiläßt, da es ebenso wenig in der Macht der Gesetze steht, alle Menschen, die denken und handeln, einzusperren.

Ohne auf dem völlig genialen Charakter der Äußerungen gewisser Irrer zu bestehen, behaupten wir in dem Maße, wie wir fähig sind, sie zu würdigen, die absolute Legitimität ihres Begriffs der Wirklichkeit und aller Handlungen, die sich daraus ergeben.

Mögt ihr euch hieran morgen früh zur Stunde der Visite erinnern, wenn ihr versucht, euch ohne Wortschatz mit diesen Menschen zu unterhalten, denen ihr, gebt es zu, nur durch die Gewalt überlegen seid.

Anmerkungen

Seite: 7
Surrealistische Texte

Unsere Übersetzung folgt den Texten von Band I** der *Œuvres complètes d'Antonin Artaud*, Nouvelle édition revue et augmentée, Gallimard, Paris 1976. Textgrundlage der Briefe ist außerdem Band VII der *Œuvres complètes*, Nouvelle édition revue et augmentée, Gallimard, Paris 1982.
Die *Surrealistischen Texte* stellen, sowohl logisch als auch chronologisch, die Ergänzung der *Frühen Schriften* (München 1983) dar. Es handelt sich um Prosatexte, Manifeste und Pamphlete aus den Jahren 1924–1928, deren Autorschaft zweifelsfrei Antonin Artaud zugeschrieben werden kann. Der Titel will keine Gattungsbezeichnung sein, sondern ist einzig historisch begründet: er bezeichnet Arbeiten, die Artaud während seiner Zugehörigkeit zur surrealistischen Bewegung – bzw. unmittelbar nach seinem Ausschluß aus ihr – schrieb. Einige dieser Arbeiten erschienen erstmals in deutscher Übertragung in dem Sammelband *Die Nervenwaage und andere Texte*, übersetzt von Dieter Hülsmanns und Friedolin Reske, Frankfurt/M. 1964. Die erstmals deutsch vorliegenden Briefe möchten helfen, den Kontext transparent zu machen.
Die nachstehende Kurzchronik (cf. Paule Thévenin, »Chronologie.« *Magazine littéraire*, Nr. 206, 1984) resümiert Artauds Rolle innerhalb der surrealistischen Bewegung.

1922
Artaud, der *Littérature* gelesen und sich für den Dadaismus interessiert hatte, begegnet Ende des Jahres André Masson (cf. A. Masson, *Entretiens avec Georges Charbonnier*, Paris 1958, S. 70). In dessen Atelier, Rue Blomet Nr. 45, kann er künftig außer dem Künstler Élie Lascaux und Roland Tual Michel Leiris, Georges Malkine, Jean Dubuffet, Georges Limbour und Joan Miró begegnen.

1924
Im September Begegnung mit André Breton, der von Artauds *Korrespondenz mit Jacques Rivière* begeistert ist. Neben Artaud rekrutierte Breton weitere Besucher von Massons Atelier für seine Gruppe (cf. Masson, op. cit., S. 40).
Im Oktober erscheint André Bretons *Manifest du Surréalisme*, im Dezember das erste Heft der *Révolution Surréaliste*.

1925

Schreibt zu Jahresanfang *Sûreté générale/La liquidation de l'opium* für *La Révolution Surréaliste*. – Am 23. Januar wird Artaud, der Francis Gérard (eigentlich Gérard Rosenthal) ablöst, mit der Leitung des ›Büros für surrealistische Forschungen‹ (Rue de Grenelle 15) sowie der Vorbereitung der Nummer 3 der Zeitschrift betraut. Er schreibt die *Déclaration du 27 janvier 1925*, die von allen Surrealisten unterzeichnet und in Form eines Plakates verbreitet wird. – Die Gruppe optiert dafür, daß ab sofort die Öffentlichkeit keinen Zugang zur surrealistischen Zentrale mehr hat.

Mit einem Rundschreiben, das vom 3. März datiert, strebt Artaud eine Reorganisation der Zentrale an. – Neubildung des ideologischen Komitees am 27. März.

Am 15. April erscheint die Nr. 3 der *Révolution Surréaliste* (Motto: *1925, Ende des christlichen Zeitalters*), die u. a. vier Briefmanifeste von Artauds Feder enthält. – Das surrealistische Forschungsbüro stellt seine Tätigkeit ein.

29. Mai: Artaud begleitet einen Vortrag von Robert Aron (»Le Français moyen et la littérature«) mit einer Inszenierung von Louis Aragons *Au pied du mur*, im Théâtre du Vieux-Colombier; die Surrealisten pfeifen den Conférencier aus.

André Breton übernimmt am 15. Juli die Leitung der *Révolution Surréaliste*. – Artauds Antwort auf die Umfrage »Que pensez-vous de la guerre du Maroc?« erscheint in *Clarté*. – Veröffentlichung von *L'Ombilic des Limbes* sowie *Le Pèse-Nerfs*.

Er unterzeichnet die meisten der surrealistischen Manifeste, von welchen einige in der *Humanité* abgedruckt werden, namentlich den *Lettre ouverte à M. Paul Claudel* (1. 7. 1925), *La Révolution d'abord et toujours!* sowie ein Pamphlet gegen die Repression in Polen und Rumänien.

Am 17. Oktober signiert er mit den Surrealisten ein an den ungarischen Reichsverweser adressiertes Telegramm, das gegen die Sondergerichte protestiert.

André Masson (»Conversation avec A. Masson.« *Cahiers de la Compagnie Renaud-Barrault*, Nr. 22–23, 1958) portraitiert den Surrealisten Artaud wie folgt:

(. . .) er war bereits anders als wir, das war ein ganz besonderer Hitzkopf, in ihm lag etwas Glühendes. Limbour und Leiris waren in unserer Mitte nicht gerade ruhig, aber er, Artaud, wirkte meteorisch . . . das war überall ein Fremdkörper. (. . .)

Wenn es einen Surrealisten gibt, so war Artaud bestimmt einer. Man kann nicht behaupten, daß er allein dastand, weil die Geschichte die

Gruppe *eingeordnet hat, und außerdem gab es immerhin Breton, der all das koordinierte. (...)*
Sie wissen, die Surrealisten waren eine um den »Vater Breton« gescharte Familie, und die anderen waren fast so gehorsam wie Kinder, selbst Aragon...
In Breton gab es eine legislatorische und logische Seite, aber in bezug auf Artaud war er interessiert und zurückhaltend. Hören Sie, ich habe ein Beispiel für das Verhalten Artauds in der surrealistischen Zentrale der Rue de Grenelle: man hat oft diesen Raum mit dem Abguß einer nackten Frau an der Decke beschrieben, den der Vater von Naville zur Verfügung gestellt hatte: eines Tages kommt Artaud wie ein Wirbelwind hereingefegt, er kam immer hereingefegt wie ein Wirbelwind... Breton war noch nicht da, aber Aragon und ich. Artaud legt sein Blatt Papier auf den Tisch und sagt bloß: »Da ist ein Text«. *Dann geht er, mit seiner dandyhaften, seiner unherdenmäßigen Seite, die ihn nach den anderen eintreffen und vor ihnen aufbrechen ließ, stets allein. Limbour war etwas ähnliches, aber auf eine humoristische, bedachte Art. Artaud also* geht ab.
Breton trifft ein, liest den Text und setzt eine ablehnende Miene auf: »Er hat eu égard* geschrieben... aber das ist kein Französisch... man sagt en égard.«
Aragon, etwas gereizt: »Doch... Artaud hat recht... man sagt... eu égard...«
Sie verstehen, ich will nicht sagen, daß Breton ein Analphabet ist, nein, das wäre absurd, es handelt sich darum, Ihnen seine pedantische Seite zu zeigen...
(...) Breton hatte ihm die Nummern 2 und 3 der Révolution Surréaliste *anvertraut, es ist gewiß, daß der Ton der Manifeste der von Artaud war, abgesehen von dem ersten Manifest, das Breton geschrieben hat, und das vortrefflich ist. Die Manifeste Artauds wurden übrigens nicht angenommen, ohne sogar im surrealistischen Milieu Unruhe hervorzurufen. Seine fatale Unabhängigkeit, was soll man da machen! Eine Bewegung muß eine Disziplin haben, er konnte sie nicht ertragen. Er war von Natur aus neorisch, man kann nicht von Stolz reden... das ist zu gering. Er war kein Anarchist; pah! die Anarchisten kenne ich, sie bilden Gruppen. (...)*

---

* Cf. den Anfangssatz der *Erklärung vom 27. Januar 1925* (Anm. d. Übers.).

1926

Februar: Artauds Versuch, zwischen Surrealisten und Jean Paulhan zu vermitteln, der die Gruppe als Mitarbeiter für die *Nouvelle Revue Française* gewinnen will, scheitert. Streit mit Paulhan, da Artaud unter dem Druck der Surrealisten seinen *Lettre à la Voyante*, der für die *N.R.F.* bestimmt war, zurückzieht.
Oktober: Wiederversöhnung mit Jean Paulhan. Das Manifest des Alfred-Jarry-Theaters erscheint.
Ende November: während einer Versammlung im Café ›Le Prophète‹ werden Artaud und Philippe Soupault aus der surrealistischen Gruppe ausgeschlossen.

1927

Januar: in einer Nachschrift, die er dem *Manifeste pour un théâtre avorté* beifügt, besiegelt er seinen Bruch mit den Surrealisten.
März: verfaßt eine Polemik wider die Surrealisten, *Les Barbares*, die von Paulhan abgelehnt wird.
April: in der Streitschrift *Au grand jour* wird Artaud von Aragon, Breton, Éluard, Péret und Unik – die inzwischen der KPF beigetreten sind – heftig attackiert. Im Juni publiziert er im Selbstverlag seine Replik: *A la grande nuit*.
August: Artaud läßt ein weiteres antisurrealistisches Pamphlet drucken: *Point final* (mit Beiträgen von Barsalou und Ribemont-Dessaignes). Artauds Position ist am ehesten mit der skeptischen André Massons zu vergleichen (cf. »Tyrannie du temps.« *La Révolution Surréaliste*, Nr. 6, 1. März 1926).
Oktober: Pierre Naville kontert in seinem Artikel *Mieux et moins bien* (*La Révolution Surréaliste*, Nr. 9–10) Artaud.

1928

14. Januar: während der zweiten Vorstellung des Alfred-Jarry-Theaters, das einen Akt aus Paul Claudels *Partage de midi* aufführt, überwirft sich Artaud mit Paulhan und söhnt sich temporär mit den Surrealisten aus.
22. März: Artaud spricht an der Sorbonne über *Die Kunst und der Tod*; Mißfallensbekundung Bretons.
9. Juni: bei der Wiederholung von Strindbergs *Traumspiel*, im Rahmen des Jarry-Theaters, werden einige Surrealisten, die die Vorstellung sabotiert hatten, festgenommen, was zu einem erneuten Bruch mit Artaud führt.

1929
April: Denoël publiziert Artauds Buch *L'Art et la Mort*.
In der *Révolution Surréaliste* vom 15. Dezember erscheint André Bretons *Second Manifeste du Surréalisme*, in dem er auch mit Artaud abrechnet.
Erst 1937 und in den Jahren 1946–1947 sollten die beiden Dichter wieder miteinander ins Gespräch kommen, ohne jedoch zu einer gemeinsamen Position oder gar Zusammenarbeit zu gelangen.

Seite: 9

VOGELPAUL
ODER DER SITZ DER LIEBE
gefolgt von
OPUS FÜR DEN ZITRONENKOPFMANN

Diese zu Lebzeiten Artauds unveröffentlichte Fassung von *Paul les Oiseaux* ist sicherlich die zweite von insgesamt drei. Im Jahre 1924 verfaßt, unterscheidet sie sich signifikant von derjenigen, die der Autor in sein Buch *L'Ombilic des Limbes* (1925) aufnehmen sollte (cf. Artaud, *Frühe Schriften*, a. a. O., S. 51 u. 165 f.).

1 Bei diesem Textfragment handelt es sich wahrscheinlich um *Une prose pour l'homme au crâne en citron*.

Seiten: 17–19
Im Licht der Wahrheit...

Die drei Fragmente finden sich auf den Rückseiten des Manuskriptes von *La Vitre d'Amour* (cf. *Frühe Schriften*, a. a. O., S. 152 u. 173) aus dem Jahre 1925.

Seite: 20
SURREALISTISCHER TEXT

Der unbetitelte Text erschien in der Rubrik »Surrealistische Texte« der *Révolution Surréaliste* (Nr. 2, 15. Januar 1925). »Surrealistische Texte« sind im engeren Sinne Ergebnisse der »automatischen Niederschrift«, die Artaud nie praktizierte.

1 Vgl. die Illustrationen André Massons in der *Révolution Surréaliste* (Nr. 3, 15. April 1925) sowie *Frühe Schriften,* a. a. O., S. 58 u. 167.

Seite: 22
UMFRAGE
IST DER SELBSTMORD EINE LÖSUNG?

Unbetitelte Antwort Artauds auf die von der *Révolution Surréaliste* (Nr. 1, 1. Dezember 1924) initiierte Umfrage, die in Heft 2 der Zeitschrift (15. Januar 1925) abgedruckt wurde. – Modifizierte Fassung meiner in dem Band *Inseln im Ich. – Ein Buch der Wünsche,* hrsg. von Ruth Hagengruber, München 1980, publizierten Übertragung.
Gut zwanzig Jahre später sollte Artaud in *Van Gogh, der Selbstmörder durch die Gesellschaft* (München 1977) sein Postulat radikalisieren: er wird nicht allein bestreiten, daß im Selbst-Mord Tat und Täter identisch sind, womit er den Ausdruck Frei-Tod als Euphemismus entlarvt; er wird erklären, daß jeder Suizid in Wahrheit ein kollektiv verübter Mord am außergewöhnlichen Einzelnen sei. Wider die abendländische Denktradition begreift Artaud also den Suizid als den Akt der Unfreiheit per se.
Während der Zeit der surrealistischen Revolte wirft er die Frage auf, wie man sich einer Sache entledigen könne, der man bereits beraubt sei: des subjektiven Lebens. In diesem Licht erscheint der Tod als Salto mortale ins wahre Leben. Da es Antizipationen der Todeserfahrung gibt – siehe den nächsten Text –, verzichtet Artaud auf ein Plädoyer zugunsten des endgültigen Todes.

Seite: 24
SICHERHEITSPOLIZEI
DIE LIQUIDIERUNG DES OPIUMS

Dieses Pamphlet erschien ebenfalls in der Ausgabe 2 der *Révolution Surréaliste;* nur im Inhaltsverzeichnis des Heftes wurde der Beitrag namentlich gekennzeichnet. Er ist das Pendant zu dem *Brief an den Herrn Gesetzgeber des Betäubungsmittelgesetzes* (cf. *Frühe Schriften,* a. a. O., S. 62). Artaud reagiert – als Opiomane – polemisch auf die gemäß dem Haager Internationalen Opiumabkommen vom 23. Januar 1912 erlassenen Gesetze, die Gebrauch und Vertrieb bestimmter »Rauschgiftmittel« eindämmen und unterbinden wollen. – Eine analoge Position wird Robert Desnos in seinem Text *Description d'une révolte prochaine* (*La Révolution Surréaliste*, Nr. 3, 15. April 1925) beziehen.

1 Anspielung auf eine Aufklärungskampagne über die schädlichen Wirkungen des Kokains, die Jean-Pierre Liausu im November 1924 in der Zeitschrift *Comœdia* begonnen hatte.

Die *Révolution Surréaliste* Nr. 2 schließt mit der folgenden *Bekanntmachung*, deren Schlußsatz Artaud zugeschrieben wird:
Im Hinblick auf eine direktere und wirkungsvollere Tätigkeit ist beschlossen worden, daß ab 30. Januar 1925 das Büro für surrealistische Forschungen für die Öffentlichkeit geschlossen bleibt. Die Arbeit wird dort fortgesetzt, aber auf andere Weise. Antonin Artaud übernimmt von diesem Augenblick an die Leitung dieses Büros. Ein Komplex von präzisen Projekten und Manifestationen, welche die verschiedenen Komitees augenblicklich in Zusammenarbeit mit A. Artaud durchführen, wird in der Nummer 3 der Révolution Surréaliste *dargelegt.*
DAS ZENTRALBÜRO, MEHR DENN JE LEBENDIG, IST KÜNFTIG EIN GESCHLOSSENER ORT, VON DEM DIE WELT JEDOCH WISSEN MUSS, DASS ER EXISTIERT.

Seite: 30
ÜBER DEN SELBSTMORD

Sur le suicide antwortet auf eine Umfrage der von Franz Hellens in Brüssel herausgegebenen Zeitschrift *Le Disque vert;* in Heft Nr. 1 (3. Jg., 4. Folge, Januar 1925) dieses Periodikums, das »Über den Selbstmord« betitelt war, erschien Artauds Antwort, die später datiert als jene auf die Enquête der *Révolution Surréaliste* zum selben Thema. Vgl. auch Artauds Kommentar zu diesem Text: *Lettre à personne* (S. 68).
Eine leicht abweichende Fassung meiner Übersetzung ist erschienen in: R. Hagengruber (Hrsg.), *Inseln im Ich*, a. a. O.

Seite: 34
ERKLÄRUNG VOM 27. JANUAR 1925

Dieses Manifest wurde als kleines Plakat verbreitet und erstmals nachgedruckt in den von Maurice Nadeau edierten *Documents surréalistes* (Paris 1948). Sowohl André Masson als auch André Breton bezeugten, daß diese *Déclaration* von Artaud allein redigiert wurde; mit ihr unterstrich er seine Übernahme der surrealistischen Zentrale. Im ›Logbuch‹ des Büros für surrealistische Forschungen findet sich hierzu folgende Eintragung:

Freitagabend (23. Jan.) fand im Certa eine Vollversammlung statt. Anwesende: Aragon, Breton, Boiffard, Gérard, Desnos, Lübeck, Éluard, Ernst, Leiris, Tual, Masson, Péret, Queneau, Ch. Baron, Artaud, Naville. Da das Bedürfnis unmittelbar war, die Arbeitsweise der Zentrale zu steuern, die restlos ihre Unfähigkeit bewiesen hat, das gesetzte Ziel zu erreichen, haben wir erwogen, durch welche geeigneten Mittel man ihr ihre Effizienz wiedergeben könnte. Nach einer Beratung ist die Leitung des Forschungsbüros, nebst allen Vollmachten, Antonin Artaud anvertraut worden. Ab Montag, den 26. Januar, wird also eine neue Arbeitsweise der Zentrale in Kraft sein.

Seite: 37
DER ALPTRÄUMER

Le mauvais rêveur antwortet auf eine Umfrage zum Thema Träume und Psychoanalyse. Erstveröffentlichung in: *Le Disque vert* (3. Jg., 4. Folge, Nr. 3, 1925).

Seite: 38
ZU TISCH

Heft 3 der *Révolution Surréaliste* (15. April 1925) verantwortete Antonin Artaud. Das Thema dieser Ausgabe lautete »1925: fin de l'ère chrétienne« (1925: Ende des christlichen Zeitalters).

Daß der Prolog zu dieser Nummer sowie fünf Briefmanifeste anonym erscheinen, unterstreicht den kollektiven Charakter dieser Texte. Artaud publizierte in dieser Ausgabe: fünf Manifeste *(A table; Lettre aux Recteurs des Universités européennes; Adresse au Pape; Adresse au Dalaï-Lama; Lettre aux écoles du Bouddha)*, ein Traumprotokoll, zwei Fragmente und das Statement *L'Activité du Bureau de recherches surréalistes*.

A table eröffnet die Ausgabe. Der erste Entwurf dieses Textes trug den Titel *Appel au monde* (Aufruf an die Welt). Die Druckfassung wurde um die nachfolgenden zwei Passagen gekürzt:

1 Gebt dem All-Denken nach. Alles, was auf die Wirklichkeit paßt, ist unbrauchbar für den Kopf. Die Welt ist eine Kreuzung des Wahnsinns. Die wunderbare Freiheit des Geistes hat keine Grenzen. Der Geist lebt in einer ewigen Transsubstantiation seiner selbst, alles, was nicht wunderbar ist, ist nicht wirklich auf der Welt. Auf der Welt des Geistes, der einzigen. Das Wunderbare steht am Ursprung des Geistes.
Seid etwas weniger dem Leben verhaftet, verliert den Halt in eurem Sein, es gibt unlogische Mittel, den logischen Frieden des Geistes wiederzuerlangen.
Wir stammen vom Innern des Geistes...

2 ... kann uns führen. Es gilt, heikle Fragen zu stellen, es gibt Probleme, eines Tages werdet ihr euch wohl zur Höhe der Probleme aufschwingen müssen.
Nur durch eine Umleitung...

3 Unser Text folgt hier dem Manuskript. In der *Révolution Surréaliste* liest man – eines Druckfehlers wegen? – »dire« (aussagen) statt »vivre« (leben).

Seite: 40
Ja, das ist jetzt...

Dieser Satz folgte Michel Leiris' *Glossaire: j'y serre mes gloses* in der *Révolution Surréaliste* (Nr. 3, 15. April 1925).
Artauds Injurie gilt zweifelsfrei den Sprachhütern der Académie française, die ihren Sitz in unmittelbarer Nähe der Seine hat.

Seite: 41
TRAUM

Erschien in der Rubrik »Träume« der *Révolution Surréaliste* Nr. 3. – Erstmals deutsch, von Marianne Oesterreicher-Mollwo, in: Günter Metken (Hrsg.), *Als die Surrealisten noch recht hatten*, Stuttgart 1976. Aus der Numerierung der Textabschnitte geht nicht hervor, ob es sich um einen dreiteiligen Traum oder um drei verschiedene Träume handelt.
Zu II und III: Artaud war 1924 bei der Hochzeit seiner Schwester Marie-Ange zugegen, den Dichter Max Jacob hatte er um 1920 kennengelernt, bevor dieser sich, ein Jahr darauf, in ein Kloster zurückzog.

Seite: 45
BRIEF AN DIE REKTOREN
DER EUROPÄISCHEN UNIVERSITÄTEN

Eines der vier Briefmanifeste, die Artaud für die *Révolution Surréaliste* Nr. 3 schrieb. (Auch diesen Brief fermulierte er 1946 neu: das Fragment wird in Bd. XXII seiner *Œuvres complètes* erscheinen.) Während der vorbereitenden Zusammenkünfte in der surrealistischen Zentrale soll Artaud, André Masson zufolge, auch ein *Manifest gegen die Mutter* vorgeschlagen haben; seine Idee wurde indes von den übrigen Surrealisten verworfen. Projekt blieben desgleichen ein *Brief an die gesamte Kritik* und ein *Brief an das Unterrichtsministerium*. Ein *Brief an den Intendanten der Comédie-Française* wurde zwar von Artaud redigiert, aber nicht publiziert (cf. *Œuvres complètes*, t. III, Paris 1978, S. 116 f.).

1 Die beiden ersten Absätze der *Lettre* wurden von Michel Leiris geschrieben.

Seite: 77
Wir brauchen weniger...

Auf S. 13 der Nr. 3 der *Révolution Surréaliste* steht dieser Satz in Fettdruck, und zwar unter dem Aphorismus von André Masson:
Man muß sich von der Revolution eine körperliche Vorstellung machen
und über dem folgenden Epigramm von Louis Aragon:
Von den diversen Hoffnungen, die ich gehabt habe, war die Verzweiflung die hartnäckigste.

Seite: 48
BOTSCHAFT AN DEN PAPST

Die *Adresse au Pape* ist das zweite Manifest von Artauds Hand, das in der *Révolution Surréaliste* Nr. 3 erstmals abgedruckt wurde.

Seite: 50
BOTSCHAFT AN DEN DALAI LAMA

Erstveröffentlichung der *Adresse au Dalaï-Lama:* wie oben.

Gehörte die antiklerikale Haltung zum festen Programm der Surrealisten, so trifft die Hinwendung zu fernöstlicher Mystik einen Nerv der Zeit. André Breton (*Entretiens*, Paris 1969, S. 111) merkt an, daß das Interesse am »traditionellen Denken« vor allem von ihm selbst, Artaud und Leiris geteilt wurde. Man hätte – erfolglos – versucht, den Esoteriker René Guénon als Mitarbeiter der Zeitschrift zu gewinnen. Bezeichnenderweise druckte man in ebendiesem Heft der *Révolution Surréaliste* einen Auszug aus Theodor Lessings Werk *Europa und Asien* (1919), und auch Robert Desnos fiel in die Apologie des Orients ein.
Beispielsweise veröffentlichten die *Cahiers du mois* (Nr. 9–10, 1925) die Antworten auf eine Umfrage zum Thema »Appels de l'Orient« (Autoren: Paul Claudel, Paul Valéry, Henri Massis, Marcel Arland, Edmond Jaloux, René Guénon et al.). Vertieft wurde diese spirituelle Tendenz allerdings erst durch die Gruppe ›Le Grand Jeu‹ (1928–30), die sich um René Daumal, Roger Gilbert-Lecomte, André Rolland de Renéville – mit denen Artaud zeitweise Kontakt hatte – konstituieren sollte. Sowohl die *Botschaft an den Papst* wie auch die *Botschaft an den Dalai Lama* schrieb Artaud neu (cf. *Briefe aus Rodez. – Postsurrealistische Schriften*, München 1979): blasphemischer denn je und diesmal in dem Bewußtsein, daß der Dalai Lama nur ein anderer Papst ist.

Seite: 52
BRIEF AN DIE SCHULEN DES BUDDHA

Erstveröffentlichung des *Lettre aux écoles du Bouddha:* wie oben.

Seite: 54
DIE TÄTIGKEIT DES BÜROS
FÜR SURREALISTISCHE FORSCHUNGEN

L'Activité du Bureau de recherches surréalistes: Artauds letzter Beitrag zum dritten Heft der *Révolution Surréaliste*.
Auch diesen Text beabsichtigte er 1946 zu modifizieren. Offensichtliche Satzfehler der Zeitschrift wurden anhand des Neudiktats des Textes von 1946 stillschweigend korrigiert.

Seite: 58
NEUER BRIEF ÜBER MICH SELBST

Nouvelle lettre sur moi-même: La Révolution Surréaliste (Nr. 5, 15. Oktober 1925). Der Titel spielt auf Artauds Korrespondenz mit Jacques Rivière an.
In der gleichen Ausgabe der Zeitschrift befindet sich das kollektive, gegen den französischen Kolonialismus in Marokko gerichtete Manifest La Révolution d'abord et toujours! [dt. Übers. in: G. Metken (Hrsg.), Als die Surrealisten noch recht hatten, a. a. O.]. Nach Louis Aragon geht der erste Entwurf dieses Manifestes auf Artaud zurück, unverändert geblieben sei allerdings lediglich ein Satz:
Jetzt sind die Mongolen an der Reihe, auf unseren Plätzen ihre Zelte aufzuschlagen.
Schließlich ist – wie Michel Leiris Paule Thévenin gegenüber bestätigte – eine weitere Formulierung Artauds in ihrer ursprünglichen Form übernommen worden, nämlich der erste Satz im *Lettre ouverte à M. Paul Claudel, ambassadeur de France au Japon*, der vom 1. Juli 1925 datiert:
Unsere Tätigkeit hat nur in bezug auf die Verwirrung, die sie im Hirn jener anrichtet, die sich nicht an ihr beteiligen, etwas Päderastisches.
Claudel hatte in einem Interview mit *Comœdia* die surrealistischen Aktivitäten als »päderastisch« apostrophiert.

Seiten: 61
STELLUNG DES FLEISCHES
MANIFEST IN KLARER SPRACHE

Position de la chair und *Manifeste en langage clair* erschienen zuerst in der *Nouvelle Revue Française* (Nr. 147, 1. Dezember 1925). Diesen Texten folgte *Héloïse et Abélard* (in: *Frühe Schriften*, a. a. O., S. 130).

Seite: 68
BRIEF AN IRGEND JEMAND

Erstveröffentlichung in den von André Gaillard und Jean Ballard edierten *Cahiers du Sud* (Marseille, 12. Jg., Nr. 81, Juli 1926). In der gleichen Nummer wurde unter dem Titel *Lettre de ménage* der *Deuxième Lettre de ménage* aus der *Nervenwaage* abgedruckt (cf. *Frühe Schriften*, a. a. O., S. 97). Möglicherweise wollte der Autor mit seinem

Lettre à personne auf die Antwort zurückkommen, die er an die Zeitschrift *Le Disque vert* expediert hatte: *Über den Selbstmord*.

Seite: 71
KORRESPONDENZ DER MUMIE

In *La Nouvelle Revue Française* (Nr. 162, 1. März 1927) erschien die *Correspondance de la momie* erstmalig.

Seite: 74
IN TIEFSTER NACHT
ODER
DER SURREALISTISCHE BLUFF

A la grande nuit ou le Bluff surréaliste ließ Artaud im Juni 1927 auf eigene Kosten drucken (16 S., 500 Ex.). Das Pamphlet stellt die Replik auf *Au grand jour* (Paris 1927) dar, eine Broschüre, mit der Aragon, Breton, Éluard, Péret und Unik den Ausschluß Artauds und Soupaults aus der surrealistischen Gruppe und den Beitritt der Unterzeichner zur PCF publik machten.
Artauds offizieller Ausschluß erfolgte entweder Ende November oder am 10. Dezember 1926 (vgl. Artauds Vortrag von 1936, *Surrealismus und Revolution*, in: ders., *Die Tarahumaras. – Revolutionäre Botschaften*, München 1975, S. 146 u. Elena Kapralik, *Antonin Artaud*, München 1977, S. 69 f.); für die letztere Hypothese spricht die Tatsache, daß Artaud noch in der *Révolution Surréaliste* vom 1. Dezember 1926 zwei Texte veröffentlichte, darunter der André Breton gewidmete *Lettre à la Voyante* (in: *Frühe Schriften*, a. a. O., S. 123). Aragon und Breton kommen erst 1929 wieder auf die Ausschlußprozedur zurück (cf. »A suivre. Petite contribution au dossier de certains intellectuels à tendances révolutionnaires.« *Variétés:* ›Le Surréalisme en 1929‹, Brüssel, Juni 1929). Hinter der Begründung für die Exkommunikation – »Arrivismus« – verbirgt sich Artauds Untreue zur surrealistischen Hauszeitschrift, vor allem aber sein Engagement für das Alfred-Jarry-Theater (cf. Artauds Brief an Janine Kahn, in: *Œuvres complètes*, t. VII, a. a. O., S. 327 f.). In *Au grand jour* (Am hellichten Tage/In aller Öffentlichkeit) heißt es zu Artaud (zitiert nach Maurice Nadeau, *Histoire du Surréalisme* suivi de *Documents surréalistes*, Paris 1964, S. 261):
Im Namen eines gewissen Prinzips der Ehrlichkeit, das unseres Erachtens vor allen anderen den Vorrang haben muß, haben wir im November 1926 mit zwei unserer ehemaligen Mitarbeiter gebrochen: Artaud und Sou-

pault. Der bemerkenswerte Mangel an Strenge, den sie in unserer Mitte an den Tag legten, der offensichtliche Widersinn, der, was jeden der beiden angeht, das isolierte *Streben nach dem sinnlosen literarischen Abenteuer mit einschließt, der Vertrauensmißbrauch, dessen Zelot jeder der beiden in irgendeiner Weise ist, waren nur allzulange Gegenstand unserer Toleranz. Im Nu haben wir damit Schluß gemacht: was den letzteren angeht, mit diesem unverständlichen Lavieren, was den ersteren angeht...*[1]

Die Fußnote lautet:
Soupault: Der gute Apostel, Goldenes Herz etc.
Wir würden im Falle Artauds lieber weniger deutlich sein; es ist bewiesen, daß er stets nur den niedrigsten Motiven Gehör geschenkt hat. Er prophezeite unter uns bis zum Ekel, bis zum Erbrechen, und indem er literarische Tricks gebrauchte, die er nicht erfunden hatte, schuf er auf einem neuen Gebiet die ekelhaftesten Elaborate.
Schon lange wollten wir ihn in die Enge treiben, überzeugt, daß eine wirkliche Bestialität ihn ergriffen hatte. Daß er in der Revolution bloß eine Metamorphose der inneren Geisteszustände sehen wollte, ist das, was Geistesschwachen, Impotenten und Feiglingen eigentümlich ist. Niemals, auf welchem Gebiet es auch sein mag (er war ebenfalls Filmschauspieler), ist seine Tätigkeit mehr gewesen als ein Zugeständnis an das Nichts. Zwei Jahre lang haben wir erlebt, wie er von der schlichten Darlegung einiger Begriffe zehrte, denen etwas Lebendiges hinzuzufügen er nicht imstande war. Er konnte sich keine andere Materie vorstellen, er anerkannte keine andere Materie als die »Materie seines Geistes«, wie er es ausdrückte. Überlassen wir ihn seiner abscheulichen Mixtur aus Träumereien, vagen Behauptungen, unbegründeten Anmaßungen, Manien. Sein Haß – und gegenwärtig zweifellos sein Haß auf den Surrealismus – ist ein würdeloser. Er kann sich bloß zum Zuschlagen entschließen, wenn er ganz sicher ist, daß er es ohne Gefahr und ohne Konsequenzen tun könnte. Es ist lustig, unter anderem zu konstatieren, daß dieser Gegner der Literatur und der Künste niemals sonst sich einzumischen vermochte, als bei den Gelegenheiten, wo es um seine literarischen Interessen ging, bei denen seine Wahl stets auf die lächerlichsten Dinge fiel, wo weder etwas Wesentliches für den Geist noch für das Leben auf dem Spiel stand. Heute haben wir diese Kanaille ausgekotzt. Wir verstehen wirklich nicht, warum dieses Aas noch länger zögern sollte, zu konvertieren oder – wie es zweifellos sagen würde – sich für einen Christen zu erklären.
Die letztere Schmähung spielt auf Artauds Flirt mit dem Christentum an, als er im Winter/Frühjahr 1927 den Neothomisten Jacques Maritain in Meudon aufsuchte (cf. Artauds Schreiben an denselben, in: Œuvres complètes, t. I**, a. a. O., S. 139 ff.).

1 Vgl. den Brief vom 8. März 1927 an Jean Paulhan (S. 118). Der fragliche Artikel trug den Titel *Die Barbaren.*

2 Roger Vitrac wurde eigentlich nicht ausgeschlossen, sondern, einer Streitigkeit mit Éluard wegen, am 2. Dezember 1924 aus dem Büro der Surrealistischen Zentrale gewiesen.

Seite: 85
SCHLUSSSTRICH

Point final, eine Broschüre von 28 Seiten, ließ Artaud abermals auf eigene Rechnung drucken. Da er die Herstellungskosten nicht aufbringen konnte, wurde die Auflage von 600 Exemplaren nicht ausgeliefert, und nur wenige Exemplare kamen in Umlauf. Der Titel des Pamphletes ist folgendermaßen gestaltet: *ANTONIN ARTAUD / Point final / avec la collaboration de M.M. / RIBEMONT-DESSAIGNES / et / ANDRÉ BARSALOU / A PARIS CHEZ L'AUTEUR / Août 1927.* – Erster Nachdruck von Artauds Text im *Magazine littéraire* (Nr. 61, 1972).
Joseph Barsalou, ein junger Journalist, Pariser Korrespondent der *Dépêche du Midi,* gehörte der marxistischen Gruppe *Philosophies* an; daher findet man seine Signatur unter dem Manifest *La Révolution d'abord et toujours!* (Artaud hatte den unrichtigen Vornamen ›André‹ von diesem Manifest übernommen.) Als Barsalou von Artauds Ausschluß durch die Surrealisten erfuhr, solidarisierte er sich spontan mit dem Dichter. Daß Artaud einen Brief Barsalous in sein Pamphlet integrierte, geschah ohne die Zustimmung des Journalisten.
Der ehemalige Dadaist Georges Ribemont-Dessaignes (geb. 1884) schloß sich nie dem Surrealismus an, gleichwohl gehörte er zu den Mitunterzeichnern des Manifestes *Zuerst und immer die Revolution!* Neben Artaud, Desnos und Masson zählte er zu denjenigen, die mit der Gruppe ›Le Grand Jeu‹ in Verbindung standen. 1920 findet man seinen Namen in der Anti-Breton-Flugschrift *Un cadavre* (Autoren: Bataille, Vitrac, Morise, Limbour, Leiris, Queneau, Desnos, J. Prévert, J. Baron, J.-A. Boiffard, A. Carpentier).

1 Möglicherweise handelt es sich bei dem Satz »L'éternité *sonne* la patience« um einen Druckfehler; »l'éternité *donne* la patience« (die Ewigkeit verleiht Geduld) klingt sinnvoller.

2 Dieser Text wirkt wie eine Art Präambel zu *Point final,* während der Haupt-Teil sich aus einem Briefwechsel zwischen Barsalou und Artaud

konstituiert. Ihm folgt der – nicht im Hinblick auf eine Veröffentlichung geschriebene – Brief, in dem Joseph Barsalou versuchte, seine Position und die seiner Freunde gegenüber dem Surrealismus zu definieren:

Seit Jahren hat der Eindruck, den wir von dem geistigen Abenteuer gewonnen haben, in das all jene verwickelt waren, die bei der Berührung mit den schwierigen Existenzbedingungen, die man uns bereitet, die gleiche Erregung verspürt haben – bei den meisten von uns hat dieser Eindruck, von einer Erfahrung zur anderen, nur bewirkt, seine verschiedenen Arten zu erkennen. Mit vollkommener Sicherheit haben sich junge Menschen, die von den unterschiedlichsten Positionen des Denkens her kamen, instinktiv die gleichen Haßgefühle eingestanden.

Die letztere Wahrheit ist dazu verpflichtet, was auch geschehen mag, ein geheimes Einverständnis zu rechtfertigen, das im Grunde all unsere Austausche wie auch unsere erbittertsten Debatten bestimmt. Von außen wird man nie etwas von den Urteilen verstehen, die wir gegenseitig über uns abgeben: es geht nur um uns und unsere geistigen Schritte, um unseren gemeinsamen Willen, ein Ende zu machen... *Beleidigungen, Feigheiten, Kompromisse, Schwächen? All das kann nur zu gemeinen Journalistenspäßen Anlaß geben. Man kann sehr wohl an den Türen lauschen: Schande über das komplizenhafte Lächeln der behaglich lebenden Skeptiker, »denen man nichts weismachen kann«, oder jenen Alten, »die schon Schlimmeres erlebt haben«. Aber das heißt, für den Geist die Gesetze des Terrors wiederherzustellen, über den man einst gesprochen hatte. Unter uns, die wir uns auf der geistigen Ebene, auf der wir leben, gegenseitig Rechenschaft schuldig sind, fordere ich ihn mit ziemlicher Unerbittlichkeit, um mich heute von einem Skrupel zu befreien, der beispielsweise – für jene, die das gleiche Brandmal tragen – die Bedeutung, die Notwendigkeit des Geschriebenen betrifft. Da gibt es weder Nachsicht noch Zugeständnisse irgendwelcher Art... und wir befürchten nicht, daß man uns Falschgeld gibt. Aber meine unendliche Wertschätzung für einige zusammenhangslose, kaum gestammelte Behauptungen vereinigt sich in mir mit jener inneren Überzeugung, daß die kräftigen Schläge, die allen geistigen oder moralischen Werten – so lange Zeit Gegenstand unserer Revolten – versetzt wurden, ihr volles Potential an Wirksamkeit aufweisen, und daß ihre Wirkung von jetzt an unvermeidbar zutage tritt. Wenn ich wie Breton durchaus der Meinung bin, daß am Ende des »inneren Dramas, das sich seit Jahren zwischen einigen Menschen abspielt«, Bestrebungen und Leistungen, die über sie hinausgehen, eingestellt werden – und vergleichbare Tatsachen sind bereits auf die gleiche Art und Weise vorgekommen –, so denke ich auch, daß gerade solche Überlegungen unverzüglich intervenieren sollten, um die Surrealisten zur Aufgabe einer abwartenden Haltung zu bewegen, die auch der Punkt ist, wo der Surrealismus ganz nahe daran ist, endlich etwas zu sein, oder nichts mehr. Die Zugehörigkeit zum Kommunismus kann nur mit viel Böswilligkeit für unmotiviert angesehen werden; aber die Erfahrung ist gemacht und hat nur Enttäuschung auf Enttäuschung erbracht. Ich weiß auch, welche Scheinhandlungen sich im Innersten der Zellen abspielen, in welcher Unaufrichtigkeit, welchem geistigen Schmutz man in ihnen erstickt. Die »Bedeutung der revolutionären Tatsache« findet sich in den Zellen nur zufällig und teilweise. Das kennzeichnet zur Genüge, was uns trennt.*

Und auf dem Willen, auf der Ebene der allerheikelsten Tatsachen revolutionär zu handeln, hatten die Surrealisten ihr Recht gegründet, Tätigkeiten zu ruinieren, die ihnen nicht mehr am Herzen lagen oder die ihnen wenigstens nur noch nebensächlich erschienen. Wenn man berücksichtigt, daß in der gleichen Zeit, in der sie sich entfaltete, die Entwicklung der Surrealisten ständig zahlreiche Geister in Atem hielt – die meisten von ihnen im voraus gewarnt vor der völligen Unsicherheit, in der die Entwicklung sich vollzog, die aber dennoch zurückgehalten und sogar besiegt wurden von einem großen Bemühen um Aufrichtigkeit, das diese Entwicklung charakterisierte –, wenn man die Hemmung berücksichtigt, die auf einigen lastete: wie soll man ihnen nicht dankbar sein für dieses ganz von Achtung durchdrungene Schweigen.

Wenn die Surrealisten in Reih und Glied in die kommunistische Partei eingetreten wären, hätte mich nichts zurückgehalten zu sagen, daß seitdem ihre Haltung niemand mehr interessieren könnte. Das war, offen gesagt, kaum zu befürchten, von den ersten Kontakten an hat man es sehr wohl gesehen. Und da Schluß ist damit, wird man allmählich zurückkommen müssen auf die ganze Strenge einer Haltung, die unpassend ist, an die niemand von uns sich mehr gebunden fühlen kann. Was ist zu erhoffen? – Ich habe nie zu jenen gehört, für die der Surrealismus das Instrument schlechthin einer geistigen Befreiung war; ich habe nie geglaubt, daß er eigenständig in jedem von uns eine völlige geistige Revolution verwirklichen könnte. Und im übrigen erkennt man sehr gut, daß darin nicht das Problem liegt. Das sind individuelle Erfahrungen, zu denen zu äußern ein Skrupel mich zurückhält; es scheint mir jedoch so, daß Sie, mein lieber Artaud, ihnen fast als einziger Kredit gewährt haben. Meine Freunde und ich haben in unserem Innersten mit Surrealismus immer nur ein begrenztes Interesse an einer erfolgreichen Zerstörungs- und Demoralisierungsarbeit bezeichnet. Wenn man ihn halt von höherer Warte aus betrachten will, und parallel zu anderen Bestrebungen, wird man in der Tat zugeben, daß er alles in allem bloß eine wunderbare Kriegsmaschine war, mit einem Hauch von Reinheit und Größe, der allen

imponierte. Nur in jenem Maße wird er als ein intelligibles, da kollektives Abenteuer gelten, wenn man ihn in ein paar Jahren untersuchen wird. Es besagt genug, daß in meinen Augen überhaupt keine surrealistische Konstruktion vorhanden ist. Man ahnt jedoch, daß alles, was aus dem Surrealismus hervorgehen wird, aus dem Ideenumkreis, in dem er entstanden ist und in dem er nur die größte Systematisierung war, unerwartete Aspekte haben wird. Und darüber werden wir noch alles sagen müssen. Wenn also für niemand außerhalb der geistigen und moralischen Ebene eine revolutionäre Tat möglich ist – und ich sehe durchaus ihre Berührungspunkte mit der Ebene äußerer Tatsachen –, wenn also alles nur auf der Ebene möglich ist, die ständig die unsere war, und wenn wir andererseits keinerlei Zugeständnisse zu machen haben, in uns keinerlei Vorbehalt aufrechtzuerhalten haben, zum Beispiel auf Grund der Zugehörigkeit zu einer politischen Partei, dann scheint es mir so, daß uns – wenn diese Bedingungen erfüllt sind – gewisse Arbeitsmöglichkeiten offenstünden, von denen man viel erwarten könnte, dächte man zum Beispiel nur daran, eine Tätigkeit wiederaufzunehmen, von der es sich erwiese, daß sie den revolutionären Geist befruchtet und ihn mit Substanz auflädt. Noch nichts erlaubt, der nahen Zukunft des surrealistischen Experiments vorzugreifen, aber es ist deutlich, daß wir uns an einem Relais befinden, wo sich neue Gruppen konstituieren werden.
André [Joseph] Barsalou

3 Mit diesem Text antwortet Artaud Joseph Barsalou.

4 Während der genannten Monate leitete Artaud die surrealistische Zentrale. Er war Mitglied des ideologischen Komitees, das die revolutionären Aktivitäten der linksintellektuellen Gruppen ›Clarté‹, ›Correspondance‹, ›Philosophies‹ mit denjenigen der Surrealisten koordinieren sollte. Daraus resultierte das gemeinsame Manifest *La Révolution d'abord et toujours!* sowie ein Austausch von Artikeln. Im März 1925 scheint André Breton nicht an den Zusammenkünften des ideologischen Komitees teilgenommen zu haben. Aus einem Brief, den er am 27. März an Artaud richtet, ist ersichtlich, daß Breton von der gesamten surrealistischen Gruppe – mit Ausnahme von Masson, Leiris und Artaud – enttäuscht ist. In seinem Brief heißt es weiter:
Während meiner gänzlichen Abwesenheit in der letzten Zeit habe ich mich völlig auf Sie verlassen, um eine gewisse Zahl von Prinzipien zu wahren, die ohne das, glaube ich, ganz scheinheilig mit Füßen getreten worden wären. (. . .) Ich bitte Sie also abermals, wachsam zu sein und – sollte die surrealistische Bewegung auch darunter leiden – in keinem Fall die unmittelbaren Belange des Geistes der politischen oder anderweitigen

Notwendigkeit unterzuordnen unter dem Vorwand, daß wir 26 (?) sind, und das entmutigend sei.

5 Vermutlich eine Anspielung auf den Satz »*in dieser Zeit des Abwartens, in der wir leben*...« (Breton, *Légitime défense*, Paris, Dezember 1926; Reprise in: ders., *Point du jour*, Paris 1934). In der Broschüre *Légitime défense* (Notwehr) formuliert Breton die kritischen Vorbehalte der Surrealisten gegenüber der KPF. Im einzelnen geißelt die Schrift das literarische Niveau der kommunistischen *Humanité*, erläutert, warum es im Winter 1925/26 nicht zu der geplanten Zeitschrift *La Guerre civile* – die *Clarté* und die *Révolution Surréaliste* ersetzen sollte – kam, und setzt sich mit Pierre Navilles Buch *La Révolution et les Intellectuels. – Que peuvent faire les Surréalistes* (1926) kritisch auseinander. Als Breton 1927 der kommunistischen Partei beitrat, zog er *Légitime défense* aus dem Verkehr. Artaud bezog sich schon in *A la grande nuit* stillschweigend auf diese Schrift Bretons.

Stellenweise gemahnt Artauds Argumentation in *Point final*, besonders in jenen Passagen, wo er den Surrealisten Hedonismus vorwirft und ihre Tätigkeit als »teuflisch« apostrophiert, der späteren von Ernest de Gengenbach, der ab 1935 etwa von einer »luziferischen surrealistischen Sekte« spricht (cf. Gengenbach, *L'expérience démoniaque*, Paris 1948). Den häretischen Seminaristen Gengenbach muß Artaud 1927 kennengelernt haben (cf. Artaud, Textfragment III zum *Lettre sur Lautréamont*, in: ders., *Œuvres complètes*, t. XIV*, Paris 1978, S. 187). Gengenbach wurde von den Surrealisten seit 1925 vor ihren atheistischen Karren gespannt. Im April 1927 hielt er vor ihnen einen *Satan in Paris* betitelten Vortrag.

6 Dem Brief Artauds folgt im Original der Text von Georges Ribemont-Dessaignes, der *Point final* beschließt:
Es ist vielleicht noch Zeit, vom Surrealismus zu sprechen. Und ich möchte gern noch über ihn sprechen, obwohl das nicht heißt, ihm einen Gefallen zu tun. Einzig das Schweigen ist ihm angemessen. Er hat zu viel über sich gesprochen; während sich seine Blüten in der Stille länger weiterentwikkeln könnten.
Was man unter Surrealismus versteht, ist seine gegenwärtige Form, übrigens die allerköstlichste. Aber er kann nicht sterben und kriecht unter die Haut der Zeit, die kommen wird, so wie er sich unter der Haut der anderen Zeiten befand. Meiner Ansicht nach kann man behaupten, daß es einen Einzigen Geist gibt – nicht im Sinne eines persönlichen Gottes, der rittlings auf den Wolken sitzt und, je nach seiner Stimmung, entweder lachend oder heulend schafft –, einen Einzigen Geist, der an die Oberflä-

che der Individuen tritt und seine Variationen nur deren materiellen Besonderheiten verdankt, die Illusion der Freiheit einbegriffen. Es ist übrigens nicht so wichtig, ob das wahr ist oder falsch, da es ja gerade die Wahrheit außerhalb jenes Geistes nicht gibt.

Na gut, ich glaube nicht, daß der Surrealismus eine Moral noch gar eine Lebensweise entsprechend dieser Allmacht der Einheit des Geistes hat schaffen können; er hat es nur dazu gebracht: einerseits seine eigene gärtnerische Ausbeutung fortzuführen und andererseits offiziell, mit dem Parteibuch in der Hand, dem Kommunismus beizutreten, was mir übrigens völlig inkompatibel erscheint, da meines Erachtens die Tätigkeit des reinen Geistes für das herrschende kommunistische Vorgehen zerstörerisch ist und eine wirkliche Allianz nur in der Periode bietet, die der Zerstörung der kapitalistischen Gesellschaftsordnung und des bürgerlichen Geistes gewidmet ist.

Das heißt, daß die surrealistische Aktivität zuviel mogelt. Sie ist nicht die Manifestation des Einzigen Geistes, dem man glauben kann, sondern die von Individuen, die ihren Geist in eine bestimmte Richtung lenken. Und diese ist die Fortsetzung der vom Dadaismus verfolgten Richtung, man kann sogar sagen, sie war mit dem Dadaismus deckungsgleich. Es geht um die unheilbare Krankheit der Zivilisation und, Gott sei Dank, ihren Tod. Man ist von Flucht zu Flucht gegangen. Und jetzt besteht das volle Risiko zu krepieren. Um zu versuchen, nicht zu krepieren, hat der Surrealismus in den Kommunismus hineinspringen wollen. Alles aus! sagt Drieu la Rochelle. Aber in diesem Ausruf liegt der ganze elegante und nonchalante Pessimismus des neuen Modernismus. Ich weiß nicht, ob es aus ist oder nicht, das interessiert mich nicht, denn stets fängt dasselbe Geschwätz von vorne an, und die Kunst wird unter dem Kommunismus nicht mehr und nicht weniger tröstlich sein als unter dem Kapitalismus. Aber zumindest in den unkünstlerischsten Äußerungen, in Gesprächen, in Zeitungen, in ich weiß nicht was wird es etwas Neues geben, so flüchtig es auch sei. Darin hat der Surrealismus nichts zu suchen: ich verstehe, daß er bloß im Kommunismus, betrachtet als Revolution, einen Ausweg findet. Aber dies geschieht nur unter der Bedingung, daß er schweigt. Gerade das tut er nicht.

Aber für mich ist der Surrealismus etwas anderes: der Surrealist ist ein Mann, dessen persönliche Tat von der Flucht ins Gefängnis, vom Licht in den Keller führt und der, ob er es nun weiß oder nicht, mit seinen Reaktionen auf den Gesichtern der anderen spielt; eine Tat, die ihn einem zerstörerischen Weg zutreibt, dem vielfältigsten, den ich kenne, und von dem ich noch nicht den Pfosten sehe, der sein Ende kennzeichnen wird. Ich begreife, daß jene, die diese Tat erschüttert, sich wuterfüllt zurückziehen und, je nach Neigung ihrer Muskeln, zuschlagen, da ich selbst der Mei-

nung bin, daß dieser Mann und jene, die ihm folgen – man nehme zur Kenntnis, daß ich darunter nichts Abschätziges verstehe –, es verdienen, Kopf und Kragen in die kommunistische Guillotine zu stecken. Indem ich den Standpunkt einnehme, daß es für die Menschen nur noch zwei Freuden gibt: zu schlafen oder niederzureißen, was Gott Tag für Tag geschaffen hat oder erschafft*, bin ich freilich verpflichtet, die unsichtbare Kraft André Bretons zu bewundern.
Das ganze Problem des Surrealismus steht und fällt mit André Breton. Es besteht nur in dem Maße in der Nützlichkeit, dem Kommunismus anzuhängen, oder in der korrosiven und unheilvollen Tat des Geistes innerhalb des Kommunismus, in dem André Breton ihre Stütze ist.
Ich weiß sehr wohl, daß man mir dieses scheinbare Piedestal vorwerfen wird, das ich unter die Füße desjenigen stelle, für den das, was man als Ohnmacht bezeichnet, eine der ersten Voraussetzungen seines Tuns ist. Man tröste sich und denke daran, daß ein Mensch auf einem Piedestal leichter angreifbar ist.
Dem füge ich hinzu: auch ich erwarte die Revolution. Aber die Revolution muß außerhalb von mir, von ihm, von euch ausbrechen. Die Revolution, die man von sich erwartet, die man sogar in sich vollzieht, oder die man aus sich hervorzieht, erwartet man immer, selbst wenn man sie vollzogen hat. Mit größerer Gewißheit kettet sie einen an. Deshalb muß der Geist schweigen, wenn er den Gesellschaftsbereich betritt. Die allereindeutigste Macht der Gemeinschaft, die auf das Individuum ausgeübt wird, bewirkt mehr für seine Freiheit, als es das Individuum je in sich selbst zu tun vermöchte.

G. Ribemont-Dessaignes

Seiten: 96
DER DIALOG VON 1928
DAS TOXISCHE KNÖCHELCHEN

Le Dialogue en 1928 *und* L'Osselet toxique *erschienen erstmals in der* Révolution Surréaliste *(Nr. 11, 15. März 1928). Dem Text* L'Osselet toxique *war eine anonyme redaktionelle Anmerkung nachgestellt:*
Was uns vereint, und was uns stets entzweien kann, bleibt für diejenigen unbegreiflich, die sich daran versuchen, uns nach jedem unserer Schritte zu beurteilen. Es wird nicht an Einfaltspinseln fehlen, die sich darüber entrüsten, daß im Inhaltsverzeichnis der vorliegenden Ausgabe die Na-

---

* ». . . dormir ou démolir ce que Dieu a créé ou crée chaque jour . . .«: unübersetzbares Wortspiel (Anm. d. Übers.).

men Antonin Artaud und Roger Vitrac stehen, und gewiß würde es ihnen Freude bereiten, sie anderswo zu lesen. Dieses Spiel des Auf und Ab kann nur dem lächerlich erscheinen, der nicht spürt, welchem höheren Druck wir unablässig nachgegeben haben. Wir sind untereinander, und nur da, an einer gewissen Unbeugsamkeit zu erkennen. Die qualifizierte Nachgiebigkeit aller anderen gestattet es uns, über die öffentliche Interpretation unserer Handlungen hinwegzugehen. Unsere Widersprüche müssen als Zeichen jenes geistigen Übels verstanden werden, das als unsere höchste Würde gelten darf. Wir wiederholen hier, daß wir an die absolute Macht des Widerspruchs glauben. Und werden wir uns restlos einig über diesen Ausspruch Isidore Ducasses: »Wir sind der Liebe, der Gerechtigkeit, des Mitleids, der Vernunft fähig. O meine Freunde! was ist also die Tugendlosigkeit?«*

Nachdem Artaud am 14. Januar 1928 Paul Claudel auf der Bühne als »infamen Verräter« beschimpft hatte, wurde er von den Surrealisten gleichsam rehabilitiert. Daher findet man in der Nr. 11 der *Révolution Surréaliste* außerdem einen Briefwechsel zwischen Jean Paulhan und Artaud (vgl. *Œuvres complètes*, t. III), der sich um den Insult des Französischen Botschafters Claudel dreht. Der neue Pakt mit den Surrealisten währte indes nur sechs Monate, Artaud sollte nie mehr an einer surrealistischen Zeitschrift mitarbeiten.
Wie aus der redaktionellen Anmerkung hervorgeht, ist der *Dialog von 1928* eine Abwandlung des »Cadavre exquis« genannten surrealistischen Sprachspiels. Der Dialog kommt dadurch zustande, daß der Antwortende nicht weiß, welche Frage sein Partner formuliert hat. Bei dem Spiel wird das Papier so gefaltet, daß der Antwortende die geschriebene Frage nicht sehen kann.
Wir haben verschiedene Experimente in Form von »Gesellschaftsspielen« gemacht, deren amüsanter, ja erholsamer Aspekt mir in nichts ihre Tragweite zu mindern scheint: surrealistische Texte, die gleichzeitig von mehreren Personen zu einer bestimmten Zeit im selben Raum geschrieben wurden; Gemeinschaftswerke, bei denen ein Satz oder eine einzige Zeichnung erzielt werden mußte, wozu jeder nur ein Element (Subjekt, Verb oder Adjektiv – Kopf, Leib oder Beine) beigesteuert hatte (...) oder bei denen eine nicht vorgegebene Sache definiert werden mußte (»Le Dialogue en 1928« in: La Révolution Surréaliste, Nummer 11)... (André Breton, Zweites Manifest des Surrealismus 1930, in: ders., Die Manifeste des Surrealismus, Reinbek 1977, S. 92 Anm.)

---

* Berichtigtes Zitat aus den *Poésies II*, Paris 1870 (Anm. d. Übers.).

L'Osselet toxique verarbeitet Artauds Drogenerfahrungen. Ende März 1927 hatte er sich in Marseille einer Entziehungskur unterzogen, im November brach er eine Reihe von psychoanalytischen Sitzungen bei Dr. René Allendy ab, die das gleiche Ziel verfolgten.

Briefe

Seite: 105
Oktober 1924: An Madame Toulouse

Madame und Dr. Édouard Toulouse (1865–?) gewährten Artaud, als er 1920 von Marseille nach Paris kam, kurze Zeit Gastrecht. Dr. Toulouse betreute den Dichter auch in seiner Eigenschaft als Psychiater.
In Surcouf, le roi des corsaires, einem Film von Luitz-Morat (gest. 1928), spielte Artaud die Rolle des Verräters Jacques Morel, der sich selbst tötet.
Der Schauspieler und Regisseur Aurélien-François-Marie Lugné-Poë (1869–1940) leitete das Théâtre de l'Œuvre. Artaud spielte 1921 ein einziges Mal unter seiner Regie.
Schon im November 1924 stand fest, daß Artaud an der surrealistischen Bewegung aktiv teilnehmen würde.

Seite: 106
Dezember 1924: An die Disque vert

Mit diesem Brief kündigt Artaud seine Antwort auf die Umfrage der Zeitschrift *Le Disque vert* »Über den Selbstmord« (s. S. 106) an.

Seite: 108
4. Februar 1925: An André Breton, Louis Aragon und Pierre Naville

Erstveröffentlichung dieses Briefes in der Einführung zur Neuauflage von: Pierre Naville, *La révolution et les intellectuels*, Paris 1975.

1 Sämtliche Briefmanifeste waren für Heft 3 der *Révolution Surréaliste* bestimmt, die Artaud verantwortete. Im Diarium der surrealistischen Zentrale findet sich kein Hinweis auf einen Brief an den damaligen

Ministerpräsidenten (und zeitweiligen Außenminister) Édouard Herriot. Der geplante *Brief an die gesamte Kritik* ging gewissermaßen in der *Erklärung vom 27. Januar 1925* (s. S. 34) auf, das Vorhaben eines *Briefes an das Unterrichtsministerium* wurde offenbar aufgegeben. Den *Brief an die Chefärzte der Irrenanstalten* redigierte, beraten von Théodore Fraenkel, Robert Desnos (s. Anhang S. 166). Den *Brief an den Intendanten der Comédie-Française* verfaßte Artaud am 21. Februar 1925, jedoch ohne ihn zu veröffentlichen (cf. *Œuvres complètes*, t. III, a. a. O., S. 116). Der *Aufruf an die Welt* erscheint unter dem Titel *Zu Tisch* (S. 38) in der Nr. 3 der *Révolution Surréaliste*. Vom *Brief an den Völkerbund* sind einzig zwei Zitate, von Baudelaire und von Nietzsche, erhalten, die Artaud für die »Unterzeichner der Locarno-Verträge« bestimmte (cf. *Œuvres complètes*, t. VIII, Paris 1980, S. 330).

Seite: 108
3. März 1925: Rundbrief

Maschinenschriftliches Schreiben Artauds, der zu diesem Zeitpunkt die surrealistische Zentrale leitete, an die Surrealisten. Dem Brief war der Text *Der Beitritt zu einer revolutionären Bewegung...* (s. Anhang S. 129) angeheftet; die Autorschaft Artauds bestätigt ein Brief Denise Navilles aus dieser Zeit (zitiert in: Pierre Naville, *Le temps du surréel*, in: *L'espérance mathématique*, t. I, Paris 1977, S. 364 f.).

Seite: 109
2. April 1925: An Pierre Naville

Erstveröffentlichung in: P. Naville, *La révolution et les intellectuels*, a. a. O.; Reprint in: *Le temps du surréel*, a. a. O. Pierre Naville (geb. 1903) gehörte zu den ersten Surrealisten, die sich dem Kommunismus verschrieben.
Artauds Brief bezieht sich auf das erste der *Internen Dokumente* (s. Anhang).

Seite: 110
16. April 1925: An Max Morise

1 Vgl. Artauds Notiz vom 5. März 1925 (Anhang S. 125).
Der Satzschluß bleibt unklar: »... die mit Sternen bedecken *(constel-*

lent), was man surrealistische Texte zu nennen übereingekommen ist.« Satzfehler oder nicht? Wo man *constituent* (darstellen, bilden) erwartet, liest man *constellent*.

Seite: 113
20. April 1925: An Pierre Naville

In *Le temps du surréel*, a. a. O., zitierter Brief.
Naville fungierte damals mit Benjamin Péret als Herausgeber der *Révolution Surréaliste*. Artaud bestätigt, Heft 2 der Zeitschrift erhalten zu haben, in dem das *Avis* (s. S. 141) erschien, das die Schließung des Büros für surrealistische Forschungen ankündigt. – Ein *Le Cinéma et le Merveilleux* überschriebener Text von Artaud ist nicht bekannt. *Le Club des Buveurs de Sperme* nahm Robert Desnos in sein Buch *La liberté ou l'amour!* (1927) auf.

Seite: 113
An Clarté

Antwort auf die von *Clarté* in einem *Lettre ouverte aux intellectuels pacifistes, anciens combattants, révoltés* (Offener Brief an pazifistische Intellektuelle, ehemalige Kriegsteilnehmer, Aufständische) gestellte Frage (Nr. 75, Juni 1925). Artauds Text erschien in Heft 76 (15. Juli 1925) der Zeitschrift, die übrigen Antworten in Nr. 77 (15. Oktober 1925). In Nr. 76 ist ebenfalls der Aufruf von Henri Barbusse, *Appel aux travailleurs intellectuels / Oui ou non, condamnez-vous la guerre?* (Aufruf an die Geistesarbeiter / Verurteilt ihr den Krieg oder nicht?), abgedruckt; er ist von der surrealistischen Gruppe, einschließlich Artaud, unterzeichnet, ferner von der Gruppe ›Philosophies‹ und einigen Unabhängigen wie Georges Duhamel, Léon Frapié, Pierre Hamp, Victor Margueritte, Romain Rolland, Jean Rostand, Paul Signac et al. Der Aufruf war bereits am 2. Juli in der kommunistischen *Humanité* erschienen, jedoch ohne Artauds Unterschrift.
Clarté, herausgegeben von Jean Bernier, Victor Crastre und Marcel Fourrier, war das Sprachrohr einer internationalen »gemeinsamen Front« linker, pazifistischer Intellektueller, für das zahlreiche KPF-Mitglieder schrieben.

Seite: 114
Ende Oktober 1925: An André Breton

Artaud war zu diesem Zeitpunkt unter anderem deshalb psychisch aus dem Gleichgewicht, da seine Gefährtin Génica Athanasiou mit ihm zu brechen drohte (cf. Kapralik, op. cit., S. 61 ff.).

1 Im Bereitschaftsdienst-Tagebuch des Büros für surrealistische Forschungen heißt es hierzu unter dem Datum des 27. März 1925:
Das ideologische Komitee versammelt sich nächsten Montag, den 30. März 1925, in der Zentrale (4h½), um die Frage zu entscheiden, ob die Idee der Revolution die surrealistische Idee hinter sich lassen muß, ob die eine der Preis der anderen ist, oder ob beide nicht voneinander zu trennen sind.
Bei dieser Gelegenheit wird das ideologische Komitee neu gebildet und aus folgenden Mitgliedern bestehen:
Louis Aragon, Antonin Artaud, André Masson, Max Morise und Pierre Naville (J.-A. Boiffard).
Michel Leiris wird gebeten, der Versammlung vom Montag beizuwohnen. André Breton wird von dieser Versammlung in Kenntnis gesetzt, und das Komitee wünscht innig, daß er ihr beiwohnt.
Artauds Brief vom 16. April 1925 an Max Morise bezieht sich direkt auf die fragliche Neubildung des Komitees.
Andererseits berief André Breton für den 8. Oktober eine Versammlung ein, deren Ziel es war, einen Überwachungsausschuß zu bilden, der zu gleichen Teilen aus Mitarbeitern von *Clarté* und der *Révolution Surréaliste* bestehen sollte (cf. Maurice Nadeau, *Geschichte des Surrealismus*, Reinbek 1968, S. 97 f.).

Seiten: 115
Gegen Mai 1926: An Jean Paulhan

In seinen Briefen an den Schriftsteller und Chefredakteur der *Nouvelle Revue Française*, Jean Paulhan (1884–1968), der Artaud seit der Veröffentlichung der *Korrespondenz mit Jacques Rivière* zugetan war, versuchte der Dichter, zwischen der surrealistischen Gruppe und der N.R.F. zu vermitteln. Obwohl auch die *Révolution Surréaliste* im Verlag der N.R.F. (Librairie Gallimard) erschien, bestand die Rivalität zwischen den Zeitschriften fort.
Artauds *Brief an die Hellseherin* erschien schließlich im Dezember-Heft der *Révolution Surréaliste* (dt. in: Artaud, *Frühe Schriften*, a. a. O.).

Auf Artauds zweiten Brief antwortet Jean Paulhan dies:

Dienstag

Was soll ich Ihnen sagen, Artaud. So rührend Ihr Brief für mich auch sein mag, so unbedingt wahr die Gründe auch sein mögen, die Sie mir angeben, so hindern sie mich doch nicht, anzunehmen, daß weder die Freundschaft, von der Sie oft zu mir sprachen, noch das Versprechen, das Sie mir gaben, indem Sie mir die Korrespondenz der Mumie *aushändigten, einer Abwehr Bretons standhalten konnten. Ich bedaure es für Sie ebensosehr wie für mich, mehr noch für mich.*
In einigen Tagen erhalten Sie die Manuskripte, die Sie mir ausgehändigt haben.
Ihr

J.-P.

Die *Korrespondenz der Mumie* erschien in der *N.R.F.* vom März 1927 (in: Artaud, *Frühe Schriften*, a. a. O.).

Seite: 117
11. Oktober 1926: An Jean Paulhan

Jean Paulhan antwortet auf diesen Brief wie folgt:

Antonin Artaud,
dieses Mißverständnis belastet mich ebenfalls, aber ich kann kaum akzeptieren, daß Sie von erwiesenen Gefälligkeiten sprechen. Ich habe mich nie bemüht, Ihnen gefällig zu sein, und weder wünsche noch akzeptiere ich von Ihnen irgendwelche Dankbarkeit, noch etwas Ähnliches. Ob Sie nun auf den »erwiesenen Gefälligkeiten herumtrampeln« oder nicht, ist mir völlig gleichgültig. Ich war nur aufgebracht bei dem Gedanken, daß Sie mich belügen; es trifft zu, daß ich im übrigen unrecht hatte, an Vitrac zu schreiben, wie ich es tat.
– Im übrigen ist die Sympathie, die ich für Ihr Werk empfinde, ziemlich unabhängig von jener, die ich für Sie empfinden kann: ich meine sogar, daß Sie diesem Werk – indem Sie zustimmen, sich nicht zu verändern und in einem Zustand zu verharren, der nur dann auf irgendeine Weise etwas wert ist, wenn Sie ihn überwinden (und imstande sind, die Erinnerung an ihn zu bewahren) – den größten Schaden zufügen. Sollte Breton, um die literarische Verzweiflung zu rechtfertigen, die zu repräsentieren er gewählt hat, um sich herum wirklicher Verzweiflung bedürfen, so wäre es

einzigartig, wenn Sie auf diese Machenschaften hereinfielen; aber das ist Ihre Sache. Was das angeht, was zwischen uns vorfallen konnte, so habe ich es völlig vergessen.

Jean Paulhan

Seite: 118
Anfang 1927: An Roland Tual

Erstveröffentlichung in *Le temps dévoré* (Paris 1980) von Denise Tual. Roland Tual (1904–1956) gehörte zu den nicht-schreibenden Surrealisten. Bevor er sich der Filmproduktion zuwandte, leitete er 1926 die soeben eröffnete surrealistische Galerie.
Artaud schrieb diesen Brief vermutlich nach seinem Ausschluß aus der surrealistischen Gruppe.

Seite: 118
8. März 1927: An Jean Paulhan

1 Robert Aron, Sekretär bei Gallimard, gehörte neben Roger Vitrac und Artaud zu den Mitbegründern des Alfred-Jarry-Theaters.
Bei dem Artikel handelt es sich um *Les Barbares*, den Artaud in einer Fußnote von *In tiefster Nacht* (S. 74) erwähnt. Jean Paulhan lehnte die Streitschrift mit der folgenden Begründung ab:

Mittwoch

Artaud, ich bedaure aufrichtig, ich habe es Ihnen gesagt: Gallimard will von den Barbaren *nichts wissen. Aber ich muß Ihnen nicht weniger den Vorwurf mitteilen, den ich Ihnen mache.*
Er besteht darin, daß Sie die Frage verkleinern und reduzieren. Denken Sie daran, daß Sie an Bretons und Aragons Seite standen, Sie haben sie akzeptiert und geliebt; sie sind es, die sich seitdem verändert haben, mehr als Sie sich. Na gut, wenn sie sich aus schlichter Lumperei und Bestialität verändert haben, interessieren sie mich selbstredend überhaupt nicht mehr, das ist wirklich zu einfach. Hat nicht dieselbe Bestialität über ihren Surrealismus Rechenschaft abgelegt? Und was hatten Sie selbst darin zu suchen. Artaud, passen Sie auf, daß Sie sich – indem Sie zu unbedingt gegen Ihre Freunde aufgebracht sind – nicht selbst herabsetzen. Nun, wenn wir nicht mehr an Sie glauben, wenn wir uns nicht mehr an Ihre Stelle versetzen, ergreifen uns Ihre Artikel nicht mehr und haben fast

keinen Sinn mehr. (Das Wort Artikel *widert mich an, aber was soll man machen.) Wenn Sie sich in Breton so sehr getäuscht haben, daß Sie nicht alle Monstren sahen, von denen Sie heute zu uns sprechen, welches Vertrauen kann ich dann noch in Sie setzen. Welches Vertrauen, wenn ich sehe, wie leicht Sie sich für einen Christen erklären?*
Ich verstehe durchaus, daß das, was Sie aufbringt, auch eine Wut auf die vergangenen Artauds ist, und daß Sie streng gegen sich sind, bevor Sie es gegen diesen oder jenen sind. Sie gehen mittels Zerstörung und Selbstmorden vor. Aber der Selbstmord gewinnt: er beraubt auch den des ganzen Daseins, der ihm vorausging (wenn man nicht aus Prinzip die Partei des Todes ergreift).
Sehen Sie keinen Weg, Ihren Artikel umzugestalten. Das Problem liegt hier: Warum hat Breton den ersten, den reinen Surrealismus fallengelassen? Wenn dies aus schlichter Bestialität geschah, dann interessiert mich nichts mehr, weder der Kommunismus noch der Surrealismus, noch Breton. Aber, Artaud, Sie wissen sehr gut, daß es andere Gründe gab, die die Bestialität einfach unterstützt hat: irgendeine Unzulänglichkeit, irgendeine tiefreichende Schwäche des Surrealismus, ein plötzlicher Mangel an Kontakt mit dieser Wirklichkeit, die sie einen Moment lang berührt hatten. Das wiegt schwerer, darüber können nur *Sie zu uns sprechen.*
Artaud, im letzten Augenblick beschließe ich, Ihren Dullin *nicht in dieser Nummer zu bringen. Ich habe den* Joueur d'échecs *gesehen: ich versichere Ihnen, daß Sie unrecht haben, daß Ihre Freundschaft zu Dullin Sie täuscht, daß ein anderer Schauspieler gleich Dullin Sie gleichgültig gelassen hätte, daß man Dullin, wenn er so wäre, wie Sie ihn darstellen, nicht verzeihen könnte, bei einem solchen Dreck mitgewirkt zu haben. Artaud, ich versichere Ihnen, daß Ihre Freunde, jene, die Ihnen vertrauen, über Ihre Notiz empört sein werden. Lassen Sie mich Sie bitten, nochmals vierzehn Tage darüber nachzudenken.*
Ihr Freund

Jean Paulhan

Im Februar hatte Artaud der *Nouvelle Revue Française* eine »Studie« über Dullin angeboten. Der Schauspieler und Regisseur Charles Dullin (1885–1949) war Artauds Lehrer. Paulhan hatte den *Joueur d'échecs*, ein Melodrama von Marcel Achard nach dem Roman von H. Dupuy-Mazuel, gesehen, der in Dullins Théâtre de l'Atelier am 6. April 1927 Premiere hatte.

Seite: 119
Oktober 1927: An Pierre Naville

In Pierre Naville, *Le temps du surréel*, a. a. O., zitierter Brief. Artauds Brief repliziert Navilles Text *Mieux et moins bien* (Besser und weniger gut) aus der *Révolution Surréaliste* (Nr. 9–10, 1. Oktober 1927); Nachdruck in: P. Naville, *La révolution et les intellectuels*, a. a. O.; dt. in: *Als die Surrealisten noch recht hatten*, a. a. O. In diesem Text wimmelt es von dem Wort »Wunsch«, was Artaud aufspießt. Gegen Artaud heißt es dort:

Heute »stigmatisiert« uns der nicht gerade umwerfende Artaud, ein um seine Rollen besorgter Komödiant: ». . . ihre Liebe zum unmittelbaren Vergnügen, das heißt zur Materie, hat sie ihre ursprüngliche Orientierung verlieren lassen, diese herrliche Kraft des Entrinnens, von der wir glaubten, daß sie uns ihr Geheimnis vermitteln wollten.«
Der letzte Satz ist ein Zitat aus Artauds Pamphlet *In tiefster Nacht*.

Seite: 119
28. Oktober 1927: An Roland Tual

In *Verdun, visions d'histoire*, einem Antikriegsfilm von Léon Poirier (1884–1968), spielte Artaud die Rolle eines intellektuellen Soldaten, der gegen den Krieg aufbegehrt und fällt, ohne begriffen zu haben. Der Film kam im November 1928 in die Kinos; 1931 drehte Poirier eine vertonte Fassung mit derselben Besetzung. – Schon in *Au grand jour* wurde Artauds Tätigkeit als Schauspieler moniert.

Anhang

Seite: 125
AUSZÜGE AUS DEM
BEREITSCHAFTSDIENST-TAGEBUCH
DES BÜROS FÜR SURREALISTISCHE FORSCHUNGEN

Dieses Tagebuch wurde von jenen Surrealisten geführt, die zwischen dem 11. Oktober 1924 und dem 20. April 1925 Bereitschaftsdienst hatten. In ihm wurden die ausgeführten Arbeiten, Vorschläge, die Namen der Besucher, ihre Bemerkungen etc. notiert. Am 23. Januar 1925 wurde beschlossen, Artaud ab 26. Januar die Leitung der Zentrale zu überantworten.

1 Am Montag, den 16. März 1925, hatte Louis Aragon notiert:
Ich weise darauf hin, daß das allgemeine Interesse für die Tätigkeit des Büros abnimmt, trotz der Vielfalt, der Verschiedenheit und der Bedeutung der diversen Vorschläge bezüglich dieser Tätigkeit, die allein Antonin Artaud zu verdanken sind. Das zeigt sich unter anderen Allüren in der Plattheit der seltenen Bemerkungen, die in dieses Tagebuch eingetragen wurden. Ich verstehe sehr gut, ich spüre manchmal, in welchem Maße jede kollektive Tätigkeit für die Individuen, die sich ihr unterwerfen, kränkend ist; ich weiß, in welchem Maße die Lässigkeit derer, die es vernachlässigen, den Wunsch nach Einsamkeit eines jeden zu berücksichtigen, die Erregung aller schüren kann. Ich weiß genau, daß jeder das Recht hat, seinen Bereich der Zurückgezogenheit zu bewahren, oder vielmehr, daß diese Frage nicht zur Debatte steht. Ich bitte jedoch meine Freunde, zu bedenken, daß ihre Haltung Gefahr läuft, für immer einem Unternehmen zu schaden, dessen Lächerlichkeit ich nur allzuleicht zugeben werde, und das, um so schlimmer, alles in allem ein Unternehmen ist, an dessen Stelle man nichts vorschlägt. Man bedenke die Verfassung, in der sich einige der Geister, die als Beispiel anzuführen man mir erlauben wird, im Laufe des letzten Jahres befanden, bevor dieses Unternehmen beschlossen wurde. Noch einmal: was in ihm lächerlich ist, ist auch das, was es an Verzweifeltem enthält. Es möge weitergehen, und seht euch einmal an, wie es um alle anderen Menschen steht, oder was ist tagtäglich mit euch los, meine Freunde, daß ihr sie mit Verachtung straft?

Seite: 128
ZWEI INTERNE DOKUMENTE

Erstveröffentlichung in: Maurice Nadeau, *Documents surréalistes*, Paris 1948.
Das erste Dokument wurde zu dem Zeitpunkt redigiert, da Artaud die surrealistische Zentrale leitete. Die Unterzeichner konstituieren das ideologische Komitee. – Punkt 3 fehlt in der Textvorlage.

1 In einem von Génica Athanasiou aufbewahrten Textfragment Artauds folgt dieser unabgeschlossene Satz:
Die Tatsache, an die Wirklichkeit einer Bewegung zu glauben und an den Wert der zerstörerischen oder nicht-zerstörerischen Prinzipien, die ihr zugrunde liegen, erfordert die Unterstützung [. . .]

Seite: 130
BRIEF AN DIE CHEFÄRZTE
DER IRRENANSTALTEN

Die Autorschaft des *Lettre aux médecins-chefs des asiles de fous* (*La Révolution Surréaliste*, Nr. 3, 15. April 1925) wurde lange Zeit Artaud zugeschrieben, da derartige kollektive Manifeste prinzipiell nicht signiert wurden. Läßt schon der Duktus an Artaud als Verfasser zweifeln, so bezeugten Louis Aragon und Michel Leiris, daß Robert Desnos den Brief verfaßt habe – eventuell in Zusammenarbeit mit Théodore Fraenkel in seiner Eigenschaft als Arzt (s. Artauds Brief vom 4. Februar 1925, S. 106).